早稲田教育ブックレット No.28

大学入試，どう変わるか
―新学習指導要領×大学入学者選抜

はじめに

本ブックレットは、二〇二二年七月一六日に開催された早稲田大学教育総合研究所第三四回教育最前線講演会「大学入試、どう変わるか―新学習指導要領×大学入学者選抜」の発表や質疑応答などの成果です。

本講演会は、学習指導要領の改訂と、大学入学者の選抜方式の変更という二つの大きな改革が重なるなか、大学入試が抱える課題を明らかにし、これからの入試の形を具体的な教科、専門領域との関わりから検討していくことを目的としました。具体的には、二〇二一（令和三）年度から大学入学共通テストが新たに導入され、二〇二二（令和四）年度からは高等学校において、平成三〇年三月に告示された新学習指導要領が年次進行で実施され始めました。これに伴い大学入学共通テストは二〇二五（令和七）年度以降、新学習指導要領に対応したテストとなります。この変更は、高等学校はもちろん、その前の初等・中等段階にも少なからず影響を及ぼすことでしょう。大学よりも前の学校段階も視野に入れ、大学入試のあり方を展望する講演会とすることをめざしました。

遡ること三回前の第三一回講演会では「新学習指導要領、どう変わるか」（二〇二〇年七月四日開催）をテーマとしました。学習の基盤となる「資質・能力」（言語能力、情報活用能力、問題発見・解決能力等）、「社会に開かれた教育課程」、カリキュラム・マネジメントといった、新たな用語や概念を用いて再編された教育課程の大枠をまずおさえた上で、教育課程編成において大きな変更があり、関心も高いと思われる国語科、社会科、プログラミング学習を取り上げました。高等学校において国語科では、必修科目「国語総合」が「現代の国語」と「言語文化」に分けられ、選択科目として「国語表現」「古典探究」に「論理国語」と「文学国語」が新たに加えられました。社会科では「公共」、「地理総合」、「歴史総合」が新設され、小学校では新たにプログラミング学習が導入されることになりました。

本ブックレットは、その講演会の延長線上において、そうした変更が大学入試にどのような影響を及ぼすのかを検討しています。大学入試改革のこれまでを振り返りながらこれからの展望を示した上で、やはり国語と社会を取り上げ、新たに理科を加えて講演会を構成しました。第三一回講演会の成果もブックレットとして公刊されています。それと併せて本ブックレットをお読みいただくことで、「新学習指導要領×大学入学者選抜」に焦点化した本講演会の内容を、より深く理解していただくことができるかと思います。

大学入試が進学や進路に関する選抜機能を果たしている以上、新学習指導要領がめざす「アクティブ・ラーニング」、「主体的・対話的で深い学び」、「『個別最適な学び』と『協働的な学び』の一体的な充実」といった教育機能に関する議論は後景に退かざるをえないのかもしれません。今回の講演会でもさまざまな課題がみえてきました。他方、ただ手を拱くだけであったわけでもないことも再確認されました。本ブックレットが、課題を真摯に受けとめつつ、来るべき入試に前向きに備えるための手がかりとなることを期待しています。

二〇二二年十月吉日

早稲田大学教育総合研究所　前副所長　佐藤　隆之

大学入試改革を問い直す
――その現代的特徴をどうみればよいか

早稲田大学教育・総合科学学術院教授　濱中　淳子

皆さま、こんにちは。早稲田大学の濱中と申します。「大学入試改革を問い直す――その現代的特徴をどうみればいいのか」というテーマで二〇分ほど報告申し上げます。よろしくお願いいたします。

今回このような機会をいただいたのは、早稲田大学に勤務する前、二〇〇七年から十年ほど独立行政法人大学入試センターに勤務し、二〇一七年からの二年間は東京大学高大接続研究開発センターというところで、東京大学、すなわち個別大学の入試改善に資する調査研究、業務に携わってきました。こうした入試に近いところでキャリアを積んできたということが理由なのだろうと理解しております。たしかに二〇一〇年代の半ばぐらいから始まった入試改革に関しては、それなりに関わってきました。本日はこうした経験のなかで考えてきたことをお話しできればと思っています。

昨今の大学入試改革について、もし、いま皆さんに、なにかひとつキーワードを出してほしいとお願いしたら、何を挙げてくださるでしょうか。実際にご意見を聞いてみたいところではあるのですが、「迷走」や「混乱」といったものを挙げる方もいらっしゃるのではないかと思われます。それはそのはずで、昨今の改革の大きな特徴は、さまざまな案が出され、その案の実現化がめざされはするものの、結局頓挫する…ということを繰り返してきたところがあるからです。

英語を例にすれば、大学入学共通テストに民間の四技能試験を入れようということが試みられたわけですが、さあ、大学入試英語成績提供システムを動かそうというギリギリのタイミングで延期が決定されました。国語と数学の記述式問題も、導入するという話があったものの、取りやめになりました。そして三つ目の e-Portfolio、主体性なども評価しようという動きがあったのですが、こちらも最終的に実現に至りませんでした。こうした混乱ぶりは、まさに前代未聞のことだったといえるように思います。

本日の最前線講演会は、「新学習指導要領との掛け合わせのなかで大学入試改革を考える」というもので、英語四技能や記述式をめぐる混乱とは異なるテーマ設定だと理解しています。ただ他方で、大学入試改革の経緯を踏まえておくことは、この講演会でも大事な作業であるようにも思い、私からは、ご登壇されるほかの先生方の「前座」として、ここ十年弱にわたる入試改革の混乱をどう理解すればいいのか、そのひとつの見方をお示ししたいと思います。

さて、これまで「混乱」や「迷走」という言葉を出させていただきましたが、本報告で柱となるのは、「何故、今回の改革はこのような混乱状態に陥ってしまったのか」という問いになります。そしてこのような問いを立てたとき、およそ歴史を振り返ったり、海外の状況と比較したりすることが、理解のための大事な出発点になることが多いわけですが、今回は歴史的視点、すな

図１　大学進学率の推移

わち過去と比べていまは何が違うのかという切り口から説明を試みたいと思います。

大学入試改革ですが、当然ながら、今回が初めてというわけではありません。というより、戦後からこれまで、大学入試改革というのは幾度となく試みられてきたと表現することができるかと思います。では、これまでどのような文脈で、どのような改革が試みられてきたのでしょうか。順を追ってみていくことにしましょう。

入試改革そのものの話に入る前に、少し回り道ではありますが、「大学進学率の推移と教育政策の課題」との関係から押さえていきたいと思います。

こちらに大学進学率の推移を示しました（図１）。いまはだいたい六〇％の少し手前のところまで上昇していますが、一九五〇年代まで遡りますと、わずか一〇％ぐらいという状況が確認されます。小学校で四〇人学級だとすれば四人しか大学に進学しないということです。しかし、一九六〇年代に入ると、大学進学率は一気に上昇します。七〇年代の半ばまでに四割近くにまで上昇することになるのですが、その背景としてなにより指摘されるのは高度経済成長です。

高度経済成長期に入り、家計が潤ってくる。家計が潤うと、わが子を大学に進学させたいと考える親が増え、大学進学率が上昇した、ということです。私立大学の増加、供給量の拡大も、その進学率上昇を支えた大事な条件になります。

ところが、進学率の上昇は七〇年代の半ばにストップします。その理由はオイルショックです。オイルショックを契機に経済成長が止まり、家計、財政にとっての打撃となる。政策的には、このタイミングで大学進学需要をほかに向けるという動きもみられるようになります。

専門学校の創設です。一九七六年に専門学校ができるわけですが、専門学校は、大学に進学したいという需要の受け皿的役割を果たすようになりました。こうしたなか、大学進学率はしばらく停滞するわけですが、一九九〇年代になり、再び上昇します。最大の理由は少子化です。私自身は一九九三年に大学に入学したのですけれども、ちょうどその時の大学受験者数がピークだったと記憶しています。その後は一八歳人口が減り続け、他方で供給量を減らすという施策もとられなかったので、進学率は上昇の一途をたどりました。

では、教育政策の課題はどう変わっていったのか。大学進学率の推移に合わせ、追っていきたいと思います。

まず、戦後すぐ、進学率もまだ一〇%という時代は、教育制度自体をどうするのかということが大きな課題でした。ただ進学率が急上昇すると、「学歴主義・受験地獄」が問題視されるようになります。家計が潤い、大学進学需要が増すなかで、子どもたちにさまざまな悪影響を及ぼされるようになっている。社会的病理だとみなされるようになったわけです。

このような一九六〇年代が過ぎ、一九七〇年代半ばからは「規制緩和・個性化」が政策課題のキーワードになっていきます。八〇年代に入ると臨教審の影響もあり、「教育も規制緩和すべき」「各教育機関も個性化すべき」という見方が提示されるようになります。

さらに時間が過ぎ、今度は「ゆとり教育」、そして「大学全入時代」がキーワードになっていきます。少子化が進展するなかで供給量が減らないわけですから、大学を選ばなければ誰もが大学に進学することができるようになる。これまで大学教育の質は大学入試で担保していたものの、こうした機能が期待できなくなる、ではどうすればいいのか。こうしたことが議論されるようになっていきます。

そして、「現在」です。技術革新、情報化、グローバル化のなかで、社会経済がものすごいスピードで変わっている。新しい時代を支える人材をどうやって養成していくのか。いまの子どもたちにはどのような能力が必要になるのか、ということが一生懸命論じられるようになります。

以上、ごく簡単に時代を追ってきましたが、では、このような七〇年のあいだに、大学入試改革に関してはどのような動きがあったのでしょうか。

初めに断っておきたいのが、一九五〇年代以降、比較的どの時代であっても、大学入試のあり方が問われ、政策課題となり、改革が試みられているということです。まず、戦後すぐの頃は、新たな入試制度をどう構築していくのか、いわば模索の時代として位置づけられます。共通テストを取り入れるなど試行錯誤するわけなのですが、その後、学歴主義や受験地獄が問題視されるなか、入試については「選抜の多様化」「総合的判定」ということがいわれるようになっていきます。それまでの文部省は、面接試験については否定的な見解を示していたのですが、そのような見方も変えていく。学歴主義・受験地獄という息が詰まりそうな状況に風穴をあけようということだったと理解されますが、学力試験だけではない方法も推奨するようになります。

そして、規制緩和・個性化がいわれる時代になり、入試改革も個性化の文脈で議論されるようになります。受験競争緩和の目的もあったのでしょうが、選抜の個性化・自由化がキーワードとなるなか、共通一次テストをアラカルト方式のセンター試験へと変えるということもこのタイミングで試みられました。

ゆとり教育、大学全入時代。このときにみられたのは、ゆとり教育の意義を入試にも反映しよう、日本型ＡＯというのを作り上げていこうという動きでした。ただ一方で、大学全入時代における学力担保という文脈で、学力不問入試を問題視する議論も立ち上がります。

そして「現在」です。いまは新しい時代を支える、新しい時代で活躍できる人材を育てなければならないということが強調されています。そしてその議論のなかで注目されているのが「学力の三要素」であり、「学力の三要素」をベースにした「三位一体改革」、つまり、高校の改革、大学の改革、入試改革を一気に動かそうということです。

ここまでざっと入試改革の変遷をみてきました。一口に「入試改革」といえども、それぞれの時代にはそれぞれの課題、試みがなされてきたということをご理解いただけたのではないかと思います。入試改革にはさまざまな顔があるわけなのですが、ただ、ここで現在の入試改革の話に入る前に、もうひとつ押さえておきたいことがあります。

こちらは、教育社会学、高等教育論の第一人者でいらっしゃる天野郁夫東京大学名誉教授が、二〇一三年に日本経済新聞に寄稿された記事になります。この記事の見出しを読み上げますと、「理想より歴史を見よ」「既視感強い改革構想」「精緻な評価限界ある」。では、天野先生はこの記事でどのようなことを論じていらっしゃるのでしょうか。

とくに注目したいのは、記事のなかのこのご指摘です――「改革は、この挫折した理想の、時代状況の変化に応じた実現をめざして繰り返されるのだが、いまに続く改革構想の原型というべきものは、一九七一（昭和四六）年に出された、中央教育審議会のいわゆる『四六答申』に見ることができる」。つまり、入試改革は、一九七一年、四六答申で指摘されたことを、いまも繰り返し課題として取り上げている。だから「既視感ある改革構想」という小見出しがついた記事になっています。

何が一九七一年から繰り返し指摘されているのか。三つほど挙げられます。まず、調査書を基礎資料として生かしましょう。広域的な共通テストを開発しましょう。そして論文・面接などによる総合的判定を充実させましょう。この三つが半世紀ほど続く入試の課題であり、私たちはこの課題に取り組んでは失敗をしている。理想を掲げては失敗し続けてきたではないか。理想を掲げるよりも、大事なことがあるのではないか。天野先生はこの記事でこうしたことを論じていらっしゃいます。

このご指摘に学ぶことはとても多いです。繰り返し同じことが課題として掲げられていること。理想ばかりを追っていること。この点を私たちはおおいに意識し、これからの入試を考えていく必要があると思いますが、他方で天野先生がこの記事を寄稿された二〇一三年以降も入試改革の動向をずっとみてきた立場からすれば、天野先生がご指摘されなかった、現代だからこその特性というものもあるように思えるわけです。

では、現代的特性とは何か。大きく二つ挙げることができると思います。

ひとつ目は「逆流効果」です。そもそも日本社会では、高校教育と大学入学者選抜の関係を、否定的に捉えるところがありました。テストの存在が高校教育をゆがめる。だからこそ、これまでの大学入試改革は、その影響をできる限りおさえるものにしなければならないという姿勢が大事にされてきました。(1) しかし、いまの入試改革にこうした姿勢はみられません。いまの改革は、むしろ大学入試を変えることによって、高校教育を変えようという真逆の考え方を土台にしているところがあります。関係を否定的に捉えるのではなく、影響を与えることに期待する。これまでにない期待のなかで進められたところに、第一の特徴があります。

二つ目は、「将来を担う若者の育成という目的」が改革のベースにあるという点です。過去の入試改革というのは、生じてしまっている、生じつつある問題をいかに解決するか、という視点で試みられたという側面があります。激化した受験競争の緩和を目的に「面接を入れましょう」「総合的な判定を活用しましょう」「学力一辺倒をやめましょう」。大学全入時代では入試による質保証が機能しなくなるからなんとかしましょう。こういったロジックがそれです。解決しなければならない課題があって、改革を進める。「尻拭い改革」のようなところがありました。しかし、いまの入試改革はそれとは異なり、将来を見据えて、というものになっています。将来を担う若者の育成のためにどうあるべきかという視点から議論されているところがあります。

この「逆流効果」と「将来を担う若者の育成という目的」に関してですが、次のように表現しなおすこともできるでしょう。つまり、「逆流効果」は「教育的配慮」を意識した入試改革。「将来を担う若者の育成という目的」は「未来志向」の入試改革。ここまで説明した上で、いよいよ本報告でもっとも強調しておきたい点に入っていくわけですが、この教育的配慮による未来志向の入試改革というのは、厄介なものへとつながりやすいことが指摘されます。

どのように厄介なのか。「教育的配慮」からいえば、よくいわれる話ではありますが、教育は誰もが経験するので、議論に参戦しやすい。「自分はこのようにやってきた」「自分のときの入試はこれでうまくいっていた」といったレベルの話が当たり前のように出てきます。自分の経験をそのまま一般化しようとする話が普通に交わされるわけです。

加えて、「未来志向」がその傾向に拍車をかけます。未来は誰にも分からない。だから、どのような主張をしても誤りということにはならない。誰もが自分の経験で語り、その主張を退けられる決定的な証左がない。そしてここで強調しておきたいのは、こうした次元の議論であれば、専門家でなくても容易に参入できるということです。想像してみてください。ある患者の病気を治すということであれば、医学の知識がなければ議論に入っていくことはできません。大学入試のことであっても、テスト理論をどう応用するかというような内容の改革であれば、素人は議論に入っていくことができません。しかし、いまの入試改革はそうではない。経験と若干の未来展望があれば、持論が形成できるような土壌になっているわけです。

そして実際、今回の入試改革を紐解くと、二〇一三年の教育再生実行会議第四次提言を出発点とし、試行錯誤が始まったとみることができるわけですが、主な発言者は、政治家や予備校教師や企業関係者などだったことが確認されます。いわゆる非専門家がリードしてきたのが今回の入試改革だった。ちなみに専門家は、その非専門家たちが描く道筋を批判するという「後手」の役割を担うことになりました。

はじめに、いまの入試改革には「混迷」や「迷走」というキーワードが挙げられると申し上げました。そのような状況に陥った理由のひとつに、こうした非専門家たちの積極的関与というものが挙げられるように思われます(2)。

さて、今後、入試改革は、学習指導要領の文脈で新たな展開を迎えることになります。この講演会もその新たな展開を考えるというものであり、私の話は、その展開の一歩手前までということになります。前座としての話はそろそろ終わりたいと思いますが、ただ、本報告の内容に引き付けて最後に言及させてもらえるのならば、新たな展開を迎えるにしても、非専門家が容易に期待を述べることができる状況は変わっていないということは指摘できるのかもしれません。学習指導要領は変わった。どのように学ぶかという点が大事になった。三位一体改革という枠組みなのだから、大学入試もそれを評価するものへと変えていかなければならない――教育やテストの専門家ではない人たちが、「どのように学ぶか」を共通テストで評価することの難しさを考慮することなく、自分の経験をベースに、良かれと思って無邪気にこうした主張を唱えるというのは、リアルな未来予想図のようにも思えるわけです。

なかなか悩ましい状況、なかなか出口が見えない状況といいますか、混迷状態は今後も続くのではないかと私などはみているのですが、ここから先は、教科の先生方、専門家の先生方のご見解をうかがいたいと思います。

《注》

（1）この点については、倉元（二〇一七）や山村・濱中・立脇（二〇一九）などを参照のこと。

（2）改革推進派である非専門家と改革を批判していた研究者それぞれの主張については、濱中（二〇二〇）で論じている。参照されたい。

《参考文献》

濱中淳子「入試改革の迷走――推進派と研究者それぞれの問題」『教育学研究』八七(2)、二〇二〇年、一四－二六頁。

倉元直樹「大学入試制度改革の論理――大学入試センター試験はなぜ廃止の危機に至ったのか」東北大学高度教養教育・学生支援機構編『大学入試における共通試験』東北大学出版会、二〇一七年、四七－八二頁。

山村滋・濱中淳子・立脇洋介『大学入試改革は高校生の学習行動を変えるか――首都圏一〇校パネル調査による実証分析』ミネルヴァ書房、二〇一九年。

国語における新指導要領の「失敗」と論文トレーニングの「未来」

日本大学文理学部特任教授　紅野　謙介

私は日本の近現代文学が本来の専門ですが、この数年ほど、入試改革や学習指導要領改訂を契機に、『国語教育の危機』（ちくま新書、二〇一八年）、『どうする？　どうなる？　これからの「国語」教育』（幻戯書房、二〇二〇年）や『国語教育　混迷する改革』（ちくま新書、同年）といった本を書いてきました。そのご縁でお呼びいただいたのだろうと思います。

校務では一二年ほど学部の執行部にいて、入試管理委員長を八年間つとめました。大学における入学者選抜の多様化・複数化というリアルな実態に携わってきたわけです。私のいた学部は、一八もの学科があり、秋の総合型選抜を含めると一年にだいたい一三回ぐらいの入試があり、それらを全部管理していかなければなりませんでした。そういう経験を踏まえて、今日は高校の新たな学習指導要領が教科としての「国語」に与える影響を見ていくというのが与えられた課題です。指導要領自体はご承知のように戦後できてきて、当初は「手引き」という位置づけでしたが、次第に「基準」というように性格を変えてきました。さらに今回、量的にも拡大し、規制強化が進んで、一定の「法的拘束力」があるとまで喧伝されるようになりました。改訂の度ごとに厚みが増すのですが、二〇二〇年度からの改訂はなかでも最も分厚く、教科別の解説書も分量が多くなりました。

「国語」については、改訂以前から、「今までは読み取りばかりではないか」「主体的な表現が足りない」、あるいは「『話す・聞く』や『書く』学習が低調だ」「もっと日本の伝統文化を現代に生かそうという観点が弱い」「情報活用能力が足りない」といったことが批判されていました。そのために新指導要領では、「読む」偏重からの脱却をめざし、コミュニケーションの重視、伝統の大合唱、そして「論理国語」と「文学国語」の対立というポイントが重点的に用意されました。そして「アクティブ・ラーニング」です。アクティブ・ラーニングはカタカナで名付けて、あたかも新規の方法であるかのような強調がなされていますが、よく考えると、皆さん個々の教員がそれぞれ努力してやってきた演習形式です。あらゆる授業で全員それをめざせという方向になっています。

他方、教材の文章は完全に手段化、単純化されるようになりました。教材を通して何の能力を身に付けるのかが大事だということになっていて、文章の持つ多様性・複数性が軽んじられるようになっています。さらに学習プロセスの管理とナビゲーションシステムが持ち込まれました。いま私は何を学んでいるのか、どこへ行こうとしているのかがいつも分かってないといけない。大学のシラバスもそうなってきていますが、同じように一目瞭然、私の位置を正確に把握できることが重視されているのです。もう、迷子になってはいけないというわけです。

では、新しい「国語」の科目設定はどうなったでしょうか。これまで必履修科目は「国語総合」でしたが、これが「現代の国語」と「言語文化」の二科目になっています。そして従来の選択科目は「現代文A・B」「古典A・B」「国語表現」となっていたのですが（A・Bというのは難度による分類です）、今回、「論理国語」「文学国語」「古典探究」「国語表現」の四つのなかで二つ選ぶという選択科目になりました。

この指導要領に即して実際の教科書ができたわけですが、「現代の国語」の場合は、教材は「論理的な文章」と「実用的な文章」のみとして「文学的な文章」は載せない、解説書や説明会ではそのように指示されていました。

検定を申請したのは、八社一七種類です。ところが、そのうち一種類だけ「現代の国語」の教科書で、五つもの小説を掲載しながら合格した教科書がありました。しかも、結果的にその教科書は東京都の学校採択率でもナンバーワンになったのです。他の教科書は解説・説明等を順守してシェアを奪われましたから、基準の不一致が報道され、抗議が相次ぎました。これには文部科学省も困ったらしく、二度の説明会を開いていますが、満足のいく回答を出せなかったようです。結局、文科省はこの小説を「読む」教材ではなく「書く」教材として認めたのだから、そのように扱うようにという指示を出し、都の教育委員会もこの教科書を採用した都立高校全てに「読む」教材としては使うなという文書を出しています。小説を「読む」教材としないで「書く」教材とする、理解し難いナンセンスな事態です。

まず、全国的にはシェア第一位の東京書籍「現代の国語」の目次を見てみます。エッセイと評論、そして実用文が大半です。そして、下のほうに実用文の書き方マニュアルのようなものが付くという体裁になっています。第一学習社は教科書のなかに小説を載せた会社ですが、この目次を見ると芥川龍之介から始まり、夏目漱石、村上春樹などが並び、堂々と小説が入っています。

もうひとつ、「言語文化」の教科書も見てみましょう。これは古典編と近現代編の二部ないし三部構成になりました。小説類は「言語文化」に全部集めろというのが当初の指導要領の指示でした。そのため分量的に見て古典編は軽量化され、近現代編は小説、詩歌、エッセイばかりが収録されています。

このように「現代の国語」は、先ほど申し上げた一社一種類を除けば、ほとんど評論と説明文・実用文のみになり、「言語文化」に物語、和歌俳諧、随筆、日記、漢文、そして小説、詩歌が集結ということになりました。

では、選択科目の「論理国語」の場合はどうなったでしょうか。こちらは一年おいて次の年に検定を受けましたが、当然、文科省は前の失敗に懲りて検定を厳しくすると通知しました。そのため収録された教材はほとんど評論、説明文・実用文のみです。加えて極端に参考書化した内容が増えました。現代的なキーワード一覧や覚えるべき用語・慣用句がずらっと並んでいます。そして書き方マニュアル、このなかでは論理的思考を試すものやリポート作成まではいいのですが、企画書の書き方や予算申請書、それから志望理由書の書き方などが入るようになりました。

ただ、「現代の国語」に続いて「論理国語」でも資料編にこれまでの定番の小説を掲載した教科書一種類がチャレンジしましたが、大幅に削られました。東京書籍の「論理国語」の目次を見て下さい。ほとんど評論ばかりです。だから、大量の評論が並ぶという入試問題集のような教科書になったわけです。桐原書店のものを見ますと、参考書化がいかに進んだかが分かります。目次にすでに赤や青などの強調色が入っています。教材の脇にいろいろなことが書き込まれていて、かつての教師用指導書のような形になっているのです。教科書を見るだけで、この教材で何の能力を身に付けるかが分かるようにする、そうした形式化が徹底されているのです。

そして不思議な表が各教科書に必ず付いています。この教材は何の能力を身に付けるのかを明示した、いわゆるルーブリック的な一覧表です。またこの教科書のなかで用いられたキーワード一覧を全部マッピングした図もありました。それらが正しいかどうかはこの際、蚊帳の外です。とにかく視覚的に「見える」化をはからなければならない。こういうことがすべての教科書で行われています。

「文学国語」の場合は、これは当然、「文学」しかないわけですけれども、一部文学の概念を広く取った教科書も二種類だけありました。しかし、多くはほとんど小説や詩歌、作家のエッセイなどの「文学」オンリーになっています。そのために文学史的な知識や紹介記事が大きく増えました。果たして高校生にそこまで必要か、みんな文学部や教育学部の文学系学科に行くわけではない。これはすべて「文学」の教材にして四単位の教科書を作ろうとしたための無理が表れているのです。

一部の教科書では安易な編集に見えるものもあります。目次紙面において比べてみますと、明らかに力を入れたのは「論理国語」で「文学国語」ではない。おそらく後者の販売部数が期待できないために、力を注ぐところ、抜くところが目に見えるようになっています。「文学国語」の多くはスカスカな状態で、小説だらけ、詩歌だらけ。果たしてそれを使いたいでしょうか。

「古典探究」に大幅な変化はありませんが、分量のスリム化が進みました。そして少なくとも大学入試の試験問題に出る限りは、文化ナショナリズムをくすぐる「伝統」の身ぶりだけは維持したいという傾向が明らかです。

「国語表現」は三単位から四単位に増やした科目ですから、文科省的には力を入れたはずです。ところが、これまで四～五社から教科書が発行されていましたが、今回申請した教科書は一社一種類のみでした。余力がなくなった、がんばって発行しても部数は伸びないのではないかという予測の結果でしょう。新指導要領では「国語表現」が大事だといっていた。しかし、「書く」ことをめぐる教育は「現代の国語」「言語文化」「論理国語」「文学国語」「古典探究」にも広く薄く入ったため、逆に独立性が保てなくなってしまった。これは学校現場の実情を無視した結果、科目設定において破綻を来したといわざるを得ません。もし、その一種類も出ていなかったらどうなっていたか。カリキュラムでは科目がありながら公認された教科書がないという皮肉な事態もありえたのです。

こうした教科書の結果をどう見たらいいのでしょうか。やはり新指導要領は、高校教員の現場を見ない、現実を見ない机上のプランだったということです。高校の先生たちにとって「現代の国語」への抵抗感があった。だから、指導要領違反の教科書の部数が伸びたのでしょう。

なぜ、そういうことにチャレンジした一社が出たか。まず、前提としてこのカリキュラムに各社どこも納得していなかった。それなのに無理やり諦めて、指導要領の条件のなかで努力して作ったにもかかわらず、一社だけ抜け駆けした。それはそれで果敢な冒険です。しかし、禁じたはずの文科省がそれを検定で合格させるとはどういうことだとなったわけです。

では、なぜ検定に合格できたのでしょうか。これは明らかに文科省のミスです。文科省の弁解によれば、省内の部署相互の連携不足があったそうです。つまり、教育課程課という部局で作成した指導要領に対して、教科書検定の部局の吏員たちは納得していなかった。そうとしか思えません。検定官というと、権力者よりの強面の人を想像するかもしれませんが、実際には検定官の方が他の官僚よりも教育の現場を知っています。なかには指導要領に書かれていることは自分たちの考えではないといいたい人たちがいらっしゃったのでしょう。滑稽ですが、こうして悲惨な省内不一致が露呈してしまいました。

新指導要領では、「歴史」や「地理」の教科は少なくとも「歴史総合」「地理総合」のように総合化に向かいました。しかし、「国語」だけは分解する方向になりました。実際のできあがった教科書を私もつぶさに見ましたが、「現代の国語」「言語文化」も、「論理国語」「文学国語」も実に単調な内容になっています。

そう考えると目標は達成できるのでしょうか。新指導要領は「実生活・実社会」に生きて働く言葉の国語の能力を高めるといっていました。しかし、どうもそれはかなり怪しい。日常のなかの言葉の多様な可能性が捉えられていない。「言語文化」とか「文学国語」とか名づけてはいますが、たいへん教条的、ステレオタイプな文学や文化のイメージばかりです。少なくとも「文学」を、劇場や博物館・美術館に収納されて額縁に入れられているもののように考えられています。古い一九世紀的な「文学」「文化」のイメージで考えられているようにしか思えません。

こうなると生きた言葉から遊離します。そうなると言葉の定型化が避けられないように思います。キーワードを使いこなして分かりやすい言葉で簡潔にまとめ上げます。そうした能力ばかりが推奨されます。マニュアル化がどんどん進みます。

教養格差がますます拡大するのではないでしょうか。現状の推測では、来年度の「論理国語」採用の高校は七割程度、「文学国語」採用が三割程度ではないかと思われます。中堅校は「論理国語」に偏るでしょう。私立高校でも難度の高い進学校であるかどうか、副読本の購入が可能な学校は別な要素があるでしょう。教員に余裕があるようなスタッフであれば、またそれも指導要領の問題点は補填されると思います。しかし、それは経済格差によって左右されるので、教養格差はかなり拡大の一途をたどるでしょう。そして、中流階級の子弟は、紋切り型の発想や型どおりの文章力に押し込められて、真に社会的生産性を上げることはできないのではないかと予測します。

大学はどうすべきでしょうか。恐らく一月の共通テスト、二、三月の入試による選抜形式は否応なく縮小に向かわざるを得ません。そうすると、総合型選抜が拡大していくことになる。秋入試と呼ばれる学校推薦型、総合選抜型の増加ということがあります。しかし、これは皆さんもたぶんそうでしょうけれども、大学教員の負担増が本当に多くなってきていて、これをどうするかという問題がやはり出てくるわけで、秋入試を増やしていく限りは質の高い専任教職員のいるアドミッション・オフィスのようなものが本格的に必要になるだろうと思います。労働負担の見直しということです。小論文や課題の作成、採点評価の方法の厳密化と個性化の問題も出てくると思います。

少なくとも今後のリポートの採点などでおそらく皆さんもご覧になってきて頭を抱えておられるような定型化がどんどん進むでしょう。放置していけば、どんどん個性がなく、思索の裏付けのない解答が出てきてしまう、思考の自由の欠落が想定されます。そうすると、大学からの働き掛けが実は重要ではないでしょうか。高校ごとの教育の違いを見抜き、場合によってはその高校の教育内容にある程度関与することです。付属高校が早稲田にもたくさんありますから、当然そういうところは大事なことになってきます。選抜課題の個性化ということも行っていかなければならないでしょう。初年次教育もどうやって柔軟な、頭を柔らかくする必要があるということになるかと思います。

こうした問題をいろいろ考えていく上でも、今回の新指導要領と入試改革のなかで、とりわけ「国語」に関連して問い直してほしいのは、言葉をめぐる思索が足りないことです。考えてみれば、指導要領自体が紋切り型のキーワードだらけでした。その意味内容がきちんと問われていないような言葉だけが乱舞していました。つまり、皮肉なことに、やたらに推奨する実用文として、すぐれた文章になっていないのです。そうしたなかで定型や紋切り型の言い方に陥って思考停止になるのではなく、自由で大胆な発想と深い思索に裏打ちされた論理的な文章をどのように作っていったらいいのか、大学側も問われていくことになるでしょう。このままだと「未来」は暗澹たるものになります。現状を正しく認識するとともに、こうした状況をどう改めていくかということを考えていかなければならないのではないかと思います。

「歴史総合」「日本史探究」「世界史探究」の教育・入試現場への影響
――高校現場に立つ者の視点から

早稲田大学大学院教育学研究科社会科教育専攻修士課程
神奈川県立光陵高等学校　教諭　渡邊　泰斗

皆さん、こんにちは。神奈川県立光陵高等学校教諭で、本学研究科の修士課程におります渡邊泰斗と申します。地理歴史科からは「『歴史総合』『日本史探究』『世界史探究』の教育・入試現場への影響」というテーマで、私は高校現場に立つ者の視点から話題提供をさせていただきたいと思います。

まず初めに、簡単に自己紹介をさせていただきます。神奈川県で五年間教員として勤め、昨年度より休職して修士課程の二年目に当たります。勤務校は伸び伸びとした進学校で、主に日本史を担当しておりました。生徒と教員の挨拶がたえず、行事や部活動も盛んな明るい学校です。ちょうど（濱中先生のお話の中でありました）「迷走」「混迷」した共通テストのことは、一度目に受験した生徒たちの担任をしておりましたので、本当によく覚えています。英語四技能試験に関わる書類をまさに提出しようという時に制度が頓挫して、膝からガクッと崩れ落ちるような気分をした経験もあります。では、本題に入りたいと思います。

問題意識と本報告の課題―新過程の理念と実態の乖離―

新課程の理念と実態、地理歴史・公民科教育についてですが、理念と実態が乖離《かいり》する危険性があると強く感じています。そこには授業と入試をそれぞれが変えたいと思いながらもなかなか変えられないもどかしさがあるのではないでしょうか。その新科目を批判的に吟味してどう使いこなしていくのかということを現場には求められていて、その点を考えていくにあたっても、入試がどう変わっていくのかということが重要かと思います。

念のためにここで確認しておきたいのは、教育は入試で問われることも視野に入れながら、あくまで生徒と授業者によって現場で創造していくものだということです。ですので、入試が全てではないですし、それのみがわれわれの仕事ではありません。ただ、入試というものを視野に入れながら教壇に立たざるを得ない部分もありますので、そういう視点から、新課程による歴史教育の変化を現場への影響および懸念点という点から整理をした上で、入試についても触れてみたいと思います。具体的には、共通テストはもう二年間実施しておりますので、日本史Bの共通テストと歴史総合のサンプル問題を見ます。ただし、あくまでも経験の狭い一人の若手教員による話題提供ですので、以下の内容は、私の所属校の意見を代表するようなものではないということをあらかじめ申し上げておきたいと思います。

新課程の変化

さて、新課程によって何がどう変わったか、その背景を補足しておくと、戦後、東洋史と西洋史を統合し世界史が生まれましたが、一九八九（平成元）年の改訂から社会科が地理歴史科と公民科に分かれまして世界史が必修になりました。その後、二〇〇六年の俗にいう世界史未履修問題で歴史教育は転換を迫られ、今年の四月から日本史と世界史を統合した近現代科目「歴史総合」が新課程の「目玉」として始まりました。ちなみにこれは二単位の科目になります。

では、次に具体的に何をどう学ぶのか、以下のような授業像はステレオタイプだと思いますが、「教師が歴史的な展開や意義を網羅的・詳細に全部解説していく」のではなく、『解説』に示されているのは近現代史の「変化」に着目して、生徒が史料から抱いた「問い」や、教員が示した「問い」を意識しながら「主体的」「対話的」に深く学ぶということです。

「歴史総合」では、現代的な諸課題を視野に入れて、生徒たちは自分の「問い」に繰り返し立ち返りながら、過去と現在を行き来して学んでいくということになります。

来年二年次から始まっていく探究科目（「日本史探究」「世界史探究」）では、それに加えてもう少しマクロな「時代を通観する問い」や、それを解くための「仮説を立てる」ということまで求められています。ここもいろいろな問題があると思いますが、本報告では触れるにとどめたいと思います。

どのような影響および懸念点が考えられるか

では、影響および懸念点について、まず、ずっと話題になってきたのが内容の精選です。歴史用語の精選に関するアンケートが出され、結果が公表されたものの、なかなかうまくいかなかったという経緯がありますが、何より「歴史総合」は二単位科目です。年間に換算すると、七〇時間もない。普通に考えれば「日本史A」、「世界史A」合わせて四単位分を半分に減らすべき、なのにもかかわらずです。そこに入試という要素が絡んで、「入試問題が変わらないのであれば、結局無難にやっておけばいいじゃないか」と、結果的に網羅主義が残ってしまうのではないかということが言われ続けているところかと思います。

そして、もう一点は、「主体的」「対話的」「深い」学びとは、そもそも歴史教育においてどのようなことを指し示しているのか、ということです。特に歴史科目においては、「主体的」「対話的」「深い」という形式ばかりにとらわれてしまうと、「何でもあり」という状況を生んでしまいかねないという危険性を孕んでいます。常にそこに注意を払わなければいけないという難しさもあります。

以上の点からも、学習評価はかなり重要な問題です。今回の改訂では「観点別評価の徹底」が要請されていますが、では、その評価にかける労力はどうなるのか。日本の教育をめぐる実態、すなわち、授業時間数の多さやクラス規模、勤務実態、歴史教育を取り巻く環境や入試などを踏まえなければ、その理念はすばらしくとも、その実態が乖離するのではないか、と思います。そのためにこそ、小中高、高校間、高大、博学などの幅広い連携を今まで以上にやりましょうということがいわれているのかと思います。

二〇二五年からの共通テスト

ここまで歴史教育の変化について主に見てまいりましたが、以下では入試に焦点をあてていきます。

二〇二一年一二月、二〇二五年度からの共通テストの情報が公開されました[1]。共通テストは、そもそもは基礎的な学習の達成の程度を判定するものですが、注目したいのは「歴史総合」が入試科目になった、ということです。それぞれ探究科目と「歴史総合」がセットになりました。では、何が問われるのかに関心が集まりますが、幾つかキーワードを引っ張ってみると歴史系の共通テストは「多面的、多角的に考察する過程」、具体的に「初見の史料」「知識の関連付け」「仮説を立て、根拠を立て検証考察」といった言葉が飛び交っています。

これが具体的な問題に落とし込まれていきますが、その背景として学術会議が出した「歴史的思考力を育てる大学入試のあり方について[2]」のなかで「どうすれば思考力を問うような問題を大規模な入試でもできるのか」についての検討内容が示されています。例えば、抽象化・一般化した概念や、史資料を深く、総合的に読ませようとか、アクティブ・ラーニングや論拠や証明方法を問うとか、解答の形式については、そもそも解答が複数、またはいくつあるか分からない、そもそも正解がないなど、そのようにすれば思考力を問えるのではないかというようなことが提言されていたのでした。

現行の共通テストでは、どのようなことが問われているのか―日本史Bから―

以上の点を踏まえて、すでに実施されている共通テストを検討してみたいと思いますが、今年の日本史Bは少し、数学とともに、話題になりました。共通テスト開始二年目にして、ガクッと平均点が落ちたのです（二〇一七年度六二・一九点、二〇一八年度六三・五四点、二〇一九年度六五・四五点、二〇二〇年度六四・二六点に対し、二〇二一年度五二・八一点）。それはなぜか。六月三〇日付の入試センターからの報告書を拝読しましたが、あくまでも「適切な難易度」だった、「標準的な問題」であったと書かれています。「受験生の負担」と「適切な分量」をということがちらっと書いてありましたが、あくまでも「適切だ」「標準的だ」ということでした。たしかに、私も解いてみましたが、一問あたりの難易度については、急激に難しくなったな、とは感じませんでした。ただ、なぜこれだけ平均点が落ちたのかは、構成なども踏まえてもう少し慎重に見ていかないといけないのではないか、と思います。

では、問題の構成を見てみますと、今までどおりのリード文、文章や問題が並んでいるような出題形式はかなり減少し、会話文と学習場面が増加しました。どういうことかというと、問題文に示された学習過程にその場で入り込んで、その学習過程自体で問題が問われてくるという形になってきているのです。

そのような変化のなかで、初見の史料を扱う問題が明らかに増加しています（二〇二〇年度八点→二〇二一年度一七点→二〇二二年度二五点）。そこでは、知識との組み合わせ、複数の史料を組み合わせることが求められています。そして、概念的理解を問う問題も日本史はあまり問われないのですが、出てきたように思います。

初見の史料問題の例から見えてくることは?

以下、二〇二二年度の共通テスト「日本史B」から少し具体的に、問題を見てみます。まずは初見の史料問題です。史料から読み取れる内容をゆっくり読めば判別して解ける部分と、史料と同時期の歴史的事象、この問題では幕府の社会施策のような知識面を問う部分、これら二つの問題の組合せで一つの解答が出来上がるような形が一つのパターン（第4問－問4）。その他、史料自体が二つあってそのなかから日付を参照させるような、史料を複数組み合わせて解く問題と、史料から読み取れる内容で、こういった知識との組み合わせを問う問題（第6問－問2）。このように、複数の史料の組み合わせ、そういう複雑化を図ることで思考を問おうとしているのかと思います。その他、史料を読めば分かる問題のなかには、細かな表に盛り込まれた情報を一個ずつ選択肢と照らし合わせながら解いていく、何ならその表には解答にあたって使わない情報もあるというような問題が続いています（第6問－問6）。

このような形で問われるようになったことにより、初見史料問題は、その史料の数を激増させました。私は、情報過多ではないかと考えています。自分で解いてみても、これまでのセンター試験や共通テストと比較して時間がかかりました。そのような問題を解くにあたって、子どもたちにはまず情報処理能力が問われているのではないでしょうか。その情報処理能力とは何か。そこには、例えば解答にあたってその情報が本当に要るのかどうか、批判的に吟味する機会はありません。受験生にとって、そんな時間はないし、必要もないのです。つまり、あくまでも受験生は情報の受け手であって、与えられる情報は正しいことが前提となっていて、そこに疑問を持つような機会は生まれてこないということです。私はこの点が少し問題ではないかと考えています。必要な情報を、まず批判的に吟味して選択し判断することも重要ではないでしょうか。

ただ、そのように情報を批判的に吟味するということは、時間がかかりますので、問題自体の分量を配慮しないと、結局「じっくりと読む機会すら与えられない」「すばやく文字を読むのに慣れている者のみが受験を突破するチャンスを手にする」という状況に陥ってしまいます。このような「情報処理能力」が歴史系のテストにおいて一番に問うことなのか、求めているのは「速く読む力」なのか、という点を私は問いたいと思います。

では、どうしていくのかという時に、思考や複雑化に特化するではなくて、もっとバランスよく、基本的な知識を問うてもいいのではないでしょうか。ただ、そのためにこそ、前半にお話ししました通り「内容の精選」が必要になります。その上で史料から読み取ることができるような先ほどのような問題と、例えば内容精選であぶれてしまった情報を年表やメモにまとめておいて、それと照らし合わせながら時代や社会の「文脈」を補いながら読ませたり、読んだ上で「文脈」を生徒に位置づけさせたり、そういうことをさせるのはどうでしょうか。知識と思考のバランスを取り、まず、従前どおりの三二問の出題でしたら、そういった形でまず知識も入れながら緩急うまく付けながらやってほしいと思うし、思考にしっかりと焦点を当てるなら問題自体をやはり削減していかないと生徒は解けないと思います。

概念問題から見えてくることは何か

さて、概念問題ですが、この日本史Bの共通テストでは、史料の並べ替えのなかで出てきたように思いました。問題としては、憲法一七条と養老令・延喜式といわれる法律の並べ替えです。憲法一七条だけが教科書に載っていて、あと二つは載っていませんので、子どもたちにとっては、まず憲法一七条を知っていること、そして三つを知識として並べ替えができること、その上で式と令はそれぞれ何であるかということを、史料を読んでみて、「これは式のことをいっている」、「これは令のことをいっている」ということが分かること、つまり式と令とは、それぞれどのようなものなのか、概念として理解できていると解きやすかったのかと思います。つまり、単純な用語の暗記では解けない、暗記でよければ憲法十七条、養老令・延喜式と並べておけばいいだけなので、そうではなくて史料にしたということは、やはり知識・概念の活用部分までが求められているということです。このような単純に知識の出し入れをするのとは異なる問題では、繰り返しになりますが、問題の分量を配慮しないと、子どもたちも考える余裕がなくて、あれは飛ばして、結局ほかも解けないという形になってしまうのではないかと思います。

授業でも、もちろん具体的な事例から概念を導き出す学習をしていかないと、本末転倒ですし、入試にも対応ができないということで、かつて黒羽清隆さんがおっしゃった「揮発性のことば(3)」になってしまいます。そういう意味で、このような学習に時間をかけるためにも、授業としても内容の精選が必要ですし、入試としても分量の配慮が必要かと思います。

歴史総合サンプル問題では何が問われているか

さて、歴史総合を少しだけ。公開されているものはあくまでプレテストであって、問題の全部の量はありませんので、こういうパターンで出題されるということになります。この写真の「自由への跳躍」というタイトルの主題の意味を、この会話文の下線で、もっと長いのですが、会話文の内容や時代状況、つまり文脈を踏まえて判断をさせるような、非常に文脈を縛りつけた上で生徒に解釈させるようなパターンがありました。

その他、同じように「自由」という言葉、さまざまな資料から「自由」という言葉を持ってきて、それぞれどのような「自由」を意味しているのかを解釈させるような問題もありました。

その他、主題とそれを生かすための資料、根拠など、実際の学習活動に依拠したような問題のパターンも出てくるということで、歴史総合も資料を文脈に位置づけて読ませるということが出てきたように思います。

おわりに―期待と不安を胸に懸命に学ぶ生徒たちを忘れずに―

さて、これまでの内容を簡単にまとめますと、新課程の理念と実態の乖離の危険性があるということ、入試にあたって知識と思考のバランスが必要だということ、分量の配慮と内容の精選をしないと本来問いたいと考えていることが問えなくなってしまうのではないか、ということです。

以上を踏まえて、歴史総合、そして探究科目で、抱き合わせで問われることになっていますので、それぞれをどう評価するのかという問題もこの先にようやく見えてきます。

本報告では触れられませんでしたが、早稲田のような個別試験ではさらに新課程とマッチしないのではないかとも思います。この点は、私がこれまで用いてきた「乖離」という言葉を使えば「新課程と共通テストと、もう一つ個別試験で起こる可能性のある乖離」ということで考えることができるでしょう。ここまで見てみますと、一点刻みで合否を判定するような現在の入試制度それ自体が限界を持っているのではないかとも考えてしまいます。

さて、最後になりますが、高校教員の立場として生徒たちを見ていますと、彼ら彼女らは、本当に一生懸命勉強しています。それは私たち教員が授業で投げかける問いに対してもそうですし、自らの進路に関わる入試に向かってもです。節のタイトルを「期待と不安を胸に懸命に学ぶ生徒たちを忘れずに」としましたが、ここには強く、重たい、深刻な意味が込められています。彼ら彼女らは「期待」以上に、これまで「おまえたち、入試は変わるのだぞ」と嫌になるほどいわれて入学をしてきたことにより、「不安」を胸に本当に懸命に学んできました。そんな生徒たちの姿を私自身も目の当たりにしてきましたので、改革にあたっては、この「生徒たち」の視点も忘れずに、その一つの改革という波にもまれ、受験する生徒が大勢いるんだということを念頭において、議論していただければと思います。

注

（1）https://www.dnc.ac.jp/kyotsu/shiken_jouhou/r7ikou.html（二〇二三年一二月八日閲覧）
（2）https://www.scj.go.jp/ja/info/kohyo/pdf/kohyo-24-t283-2.pdf（二〇二三年一二月八日閲覧）
（3）加藤正彦・八耳文之『黒羽清隆歴史教育論集』竹林館、二〇一〇年、七五頁。

「歴史総合」「日本史探究」「世界史探究」の教育・入試現場への影響
――入試の現場から

早稲田大学教育・総合科学学術院教授　小森　宏美

ありがとうございます。冒頭、所長の和田先生からご紹介いただきました本学教育・総合科学学術院社会科地理歴史専修の小森です。本日はよろしくお願いいいたします。

私からは、社会科のなかでも特に世界史に限定しまして、大学入試の観点からお話をさせていただきます。そう申しましても私の専門はヨーロッパの歴史でありまして、大学でも普段はその分野で授業を担当しています。今回の企画でお話をいただいたのは、おそらく現職である本学の入学センターの仕事に関係しているからだと思いますが、ただ、本日ここでお話することは、あくまで私の個人的考えに基づくもので、大学や学部の立場とは関係がないことを先にお断りしておきたいと思います。

最初に、世界史も日本史も決して暗記科目ではないということをお伝えしたいと思います。とはいえ教科書も入試も歴史が暗記科目だという、ある種の思い込み、これの原因になってしまっていた、一応ここでは過去形でお伝えしたいと思いますが、その原因になってしまっていたということは必ずしも否定できないのではないかと思っています。

いうまでもないことですが、教科書の内容や入試形態には多様な要因が影響を及ぼしています。ですから、何かひとつを変えれば済むということではありません。日本の入試にはそれなりの特徴があるのですけれども、そこで何が求められているのか。今日、もうここまでのところでお話があったようにも感じていますが、そういうことをいま一度、考えてみる必要があるかと思っています。

そもそも共通テストと各大学の個別入試では目的が実は少し異なります。渡邊先生からもお話がありましたが、共通テストでは達成度の測定、そして個別入試では選抜性が重視されるということです。共通テストの問題には標準的で偏りがないことが要求されています。

一方の個別入試については、ときに難問や悪問といわれるような、ひどい場合には奇問と批判されるような問題が出ることは否定しません。とはいえ、こちらも実は大半は標準的な、すなわち高校での学習範囲内の知識で解答できる問題になっています。では、何が違うのかということについては、もう少し後でお話ししたいと思っています。

まず先に、多くの私大では一般選抜の他に多様な入試制度を用意して学生の多様性を担保しているということを確認しておきたいのですが、先ほどの紅野先生のお話で「いやいや、これはこれで問題がある」と、多くの問題を孕んでいるということはご指摘いただいたとおりというのは私も認識しています。

ただ、ここでは本学の現状について、四つのパターンで入試制度を用意しているということ、それから、これは最新の情報ですけれども、入学者に占める各種入試の割合というのは、二〇二二年四月入学については、早稲田の場合も四月と九月がありますので九月を足すともう少し変わるのですが、一般選抜と共通テスト利用入試合わせて約五七％、それ以外の約四〇％は総合型選抜や附属校・系属校、また指定校推薦などになっています。

早稲田大学の場合、政治経済学部や国際教養学部、スポーツ科学部で総合問題あるいは小論文を課す形に変わり、これまでの三教科型の入試形態ではなくなってはいますが、それ以外の学部は依然として三教科型の試験をしています。とはいえ、先ほど述べた通り一般選抜で入学した学生の割合は約六〇％で、それ以外の入試形態で入ってくる学生も相当数いるということは認識していただきたいと思います。

さて、もう少し具体的に個別入試を考えるに当たって、共通テストとの比較で見てみたいと思います。共通テストに求められる識別力というのは、簡単にいえば学力の程度の違いの測定です。この学力の程度の違いを低い層と中ぐらいの層と高い学力層の三つに分けた場合に、それぞれの学力層ごとに正答率がバランスのとれた割合になっている、そういう問題が識別力の高い適切な問題ということになります。言い換えれば、高学力の層であっても難しすぎてあまり解けない、こういうのは識別力の低い、あまり適切ではない問題ということになります。

他方で、個別入試、特に早稲田大学のような入試で識別力の高さがそこまで求められるかというと、個人的には必ずしもそうではないと思っています。このあたりは共通テストと個別入試での重要な違いになるでしょう。

繰り返しになりますが、共通テストと、その前身であるセンター試験では、もちろんこの識別力の高さが極めて重要なわけです。ですから、もともと出題の範囲やバランスに最大限配慮することが求められています。出題範囲や出題内容のバランスに配慮するのは当然のことだと思われるかもしれません。しかしそれを実現するのはそれほど容易ではありません。世界史Aの教科書の場合、教科書会社によって記述内容や採用されている用語にばらつきがあります。ある教科書ではある人物を扱い、別の教科書では別の人物を扱うということもときにあります。それから、教科書の場合は当然採択率の問題があり、そうすると何を基準にして多くの高校生が学んでいる歴史事象と見なすのかということについての判断が非常に難しい状況が生じてしまうといえます。

また、日本の教科書というのはいうまでもなく検定を受けたものですので、教科書の内容に即した出題を行うということは、検定基準をクリアした教科書記述に即した出題ということになるわけです。そうすると、まだ確定していない事実や解釈はなかなか扱いにくい、数字にぶれがあるものも扱いにくいなどといった問題が生じます。一方で、閣議決定したらそれに従うべし、さらに近隣諸国にも配慮してほしいという、こういうさまざまな要求を満たした末に出版された教科書を使って偏りのない問題を出しなさいということがこれまで求められてきたわけです。

ただ、共通テストに変わりましていろいろとたぶん改善された面があるように感じています。ほんの一例ですが、今年、令和四年一月に実施された共通テストの世界史で、要は日本の政治体制がファシズムかどうかということを問う問題が出ました。興味深いのは、リード文で、ある教科書と別の教科書で違うことが書かれていることがあるが、そのどちらにもそれなりに根拠があるという前提を示している点です。前提を示した上で根拠を考えさせ、そのなかで知識も問うという形になっています。これなどは、これまでいろいろと問題だといわれていたことに対するひとつの答えとなっている良問かと思います。

とはいえ、全てがこういう問題になるわけではありません。世界史の場合、共通テストへの移行後も、平均点は下がっておらず、問題数も実は変わっていません。他方で、提示される史料の量は増えています。分量でいうと、従来型の問題、あるいはそれと似たような問題と新しい形式の問題がおおむね三分の一ずつぐらいになり、その中間的なものもある感じになっています。言い方を換えると、知識や技能を問う従来型が八割前後で、それ以外の思考力・判断力を問おうとしている問題が残りの二割程度になっています。

もちろん、「共通テストになって変わったといわれるが、結局、読解力ばかりで思考力を問う問題ではない」「国語の問題ではないか」「年代知識になっている」など、いろいろな意見はあります。世界史が得意な受験者は、「リード文や資料を読まなくても解ける」といいます。日本史は、もしかしたらそうではない問題もかなり増えてきているかと思いますけれども、世界史は読解力を問うといっておきながら、実は知識のある受験者は読まなくても解けてしまうという問題が出ているということも否定できません。

いま一つ新傾向の問題の一例ですが、マルク・ブロックという歴史家の歴史観を示したもので、すごくいい文章が出されました。私もマルク・ブロックは重要な歴史家だと思っています。このリード文には下線が引かれていません。下線がないから全部読まないと解けないのです。受験者は、とにかく何が書いてあるかについて判断して選択肢から選ぶ、その際ほんの少しだけ歴史の知識が求められるという、これはこれでいい問題で、好ましい問題だとは思っていますが、果たしてこれが歴史の問題かといわれると非常に悩ましいというか、やはり読解力があれば基本的に解けてしまうので、そこが少し気になるといわざるをえません。

良問とされる問題の特徴というのは、先ほど渡邊先生もまとめておられて、基本的に世界史もそれと同じです。逆にどのような問題が悪問とされるのかということですけれども、共通テストの報告書などを見ると、単純な知識を問う問題という言い方で批判されています。とはいえ、単純な知識を問うといっても、その単純な知識を自分のものとするためにどれだけ思考したり判断したり論理的な体系立てをもって覚えたりしているのかということを無視して、「単純な知識だけを問う」といわれてしまうと、受験者の努力を軽く見ているのかと思い、悲しくなります。

一方で、個別入試の場合、悪問とされるのは「出題ミス」「解答がないもの」「複数正解になってしまうもの」、あるいは「厳格にいえば出題ミスだけれども国語的に解けるもの」という指摘があります。さらに「時系列が危うい」や「当該人物の歴史事象とはいえない」など、教科書レベルを超えて、最新の研究成果にまで目配りが要求されるので、出題に当たっては、当然のことですが細心の注意が欠かせません。

以上、いろいろ述べて参りましたが、入試では思考力等に加えて、特に歴史科目に多様な役割が求められ過ぎているということを、最後に強調させていただきたいと思います。

いろいろな報告書などを読ませていただくと、入試に選抜以外の要素が求められているように思います。入試という場で受験者は緊張しているはずなのに、入試の最中に「歴史への関心を高める」「今後の取り組みのために、歴史を勉強する気持ちになる」「新たな視点への気付き」「歴史の面白さを感じる」ということが求められているわけです。それは受験者のその後も考えての重要な視点であるとは思いますが、そこまで入試に求める必要があるのか疑問に思います。また、少し違う話ですが、歴史の面白さをどこに感じるかは多様でもいいのではないでしょうか。「歴史はこうやって見なければいけない」「こうやって勉強しなければいけない」というアドバイスには、私は歴史の教員なので、大いに賛同します。しかしながら、今の生徒たちを見るなら、歴史に関心を持つきっかけが漫画やゲームなどである場合も少なくありません。本格的に勉強をしたいと思ったら大学でそういう場があればいいのであって、まだ関心を持つ前にいろいろなことをいわれると、逆につまらなくなってしまうのではないか老婆心からかもしれませんが心配してしまいます。

いずれにしましても、個別入試に関して重要なのはアドミッション・ポリシーに沿った選抜ではないかと考えています。歴史を専門的に学ぶわけではない受験者にどこまで求めれば良いのでしょうか。少なくとも個別入試で重視すべきは公平・公正に選抜できることであると考えています。多様な入試方式がありますから、そこでも学生の多様性は担保できます。高校でいろいろなことを勉強してきた生徒は総合型選抜などを利用して自分の能力や経験を示す機会があるということを考えるならば、それぞれの科目で全ての能力を測るという考え方も理想ではありますが、かなり無理があるというふうに思わざるをえません。ご静聴ありがとうございました。

入試・教科書・指導要領の三すくみからの脱出をめざして

早稲田大学教育・総合科学学術院教授　園池　公毅

早稲田大学教育学部理学科生物学専修の園池と申します。本日は、高等学校教育と大学入試における理科・生物の問題点を少しでも解決しようと奮闘した個人的な経験をお話ししたいと思います。

まず、理科における生物の位置づけを見てみましょう。共通テストの理科の受験者数を見ると、文系の受験者が多い基礎科目では、生物の受験者が占める割合が大きく物理受験者が少ないことが分かります。一方で、理系受験者の多い四単位の生物では物理と化学の受験者がほとんどで、生物はわずかです。結果的に、文系受験者は物理を学習せずに大学に進学する割合が高いことになるので、物理分野の方からは一般的な物理リテラシーの欠如が問題点として挙げられています。生物分野からすると、理系受験者の多くは生物を履修せずに大学に進学するので、研究分野での生物指向の欠如が問題点となります。

理系の生徒が受験で生物を選択しない理由は、生物が嫌いな高校生が多いからではありません。ひとつの理由は、生物は満点が取りにくい点にあります。物理だと、難関大学の理系受験者などは満点を取ることも可能なので、受験科目として生物を選びません。実は僕自身も生物学の研究者になりながら、大学受験は物理・化学でしたから人のことはいえません。一方で、生物は文系受験者でも暗記で何とか得点できる部分があるので、満点を取りにくいけれども〇点も取りにくいのです。そうすると、いやでも理科を受験しなければならない文系受験者は生物を選択する場合が多くなります。

生物は、やはり理科のなかでは暗記科目、文系科目という位置づけです。生物学の研究をサイエンスとしてやっている人間からすると「生物は暗記科目でしょう」といわれるのは非常に不本意なわけです。とはいえ、本当に暗記科目かというと、例えばセンターの入試問題や東京大学の入試問題などをよく見ると、全体としては思考力を問う良問も多いのです。それでも、一部にでも些末な知識を問う問題が出題されると、その印象が強く残ります。そして、そのような印象は、フィードバックされてどんどん増強されてしまいます。

暗記科目の位置づけにある生物の教科書を、なんとか生物学の面白みを伝えられるようなものに変えたいと思っていたのですが、一九九九（平成一一）年にたまたまある大学の先生から「高校の教科書を書かないか」と誘われました。そこで「これはいい機会をもらった」と思い、高校生が自分で読んでも面白い教科書の原稿を一生懸命に書いて、その原稿を教科書会社の編集会議に持って行きました。その編集会議には大学の先生もいれば高校の先生もいます。そして、僕の原稿を読んだ高校の先生は「これはお話であって教科書ではありません。お話を作るのは教師の役割です」とおっしゃいました。なるほど、それはそうかもしれないと思う一方で、「全ての単元について、自分でお話を作れる力量を持つ先生は多数派なのだろうか」と心のなかで思ったことを鮮明に覚えています。

そこで、その高校の先生にも認めていただけるようなものに原稿をポリッシュ・アップしていくのですけれども、次なる関門として学習指導要領があります。今は少し違いますけれども、指導内容の指定があって、「これこれを取り上げることが考えられる」と指導要領に書いてあると、実際には取り上げることがほぼ必須になります。また、現在は撤廃されましたけれども「歯止め規定」があって、これは教えなければいけないという内容以外のことは教えられません。さらに、これも少し緩和されていますけれども、「順序性」が求められていて、学ぶ順番までが決められています。学ぶ内容を、切り口を変えて並べ直せば面白いストーリーが作れるところでも、それが許されないわけです。

さらに、次なる関門が教科書検定です。ついた検定意見に基づいて原稿を修正することになりますが、僕が初めて教科書執筆に携わったころは、検定意見といっても、例えば「理解し難い表現である」と一言書いてあるだけです。そうすると、何がいけないのかが分かりません。同じように「不正確である」といわれても、どこが不正確だかが分かりません。検定意見のほうがよほど理解し難いと思いながら読むわけです。ただ、これに関しては、今は大きく改善されています。

他に、実は身内ともいうべき教科書会社の関門もあります。教科書会社の編集部にとっては、教科書検定に通るかどうかがとても重要です。それでも、これに関しては検定意見に対応するのは著者なので、ある程度著者の意見が通ります。一方で、教科書会社の営業部は入試問題との関係に非常に敏感に反応します。例えば何か少し内容を削ろうとした時に、営業部の人から「でも、

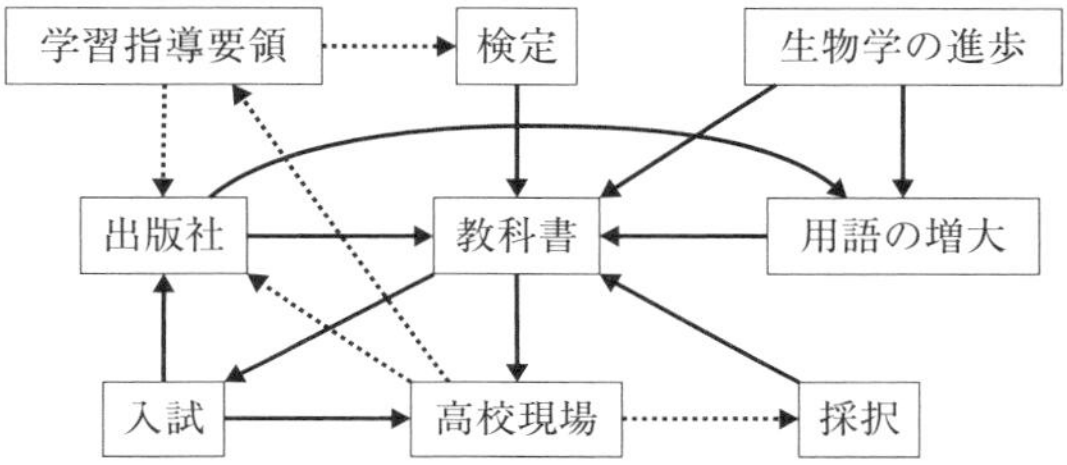

図２　教科書を変えれば済む問題ではない

入試に出たらどうするのですか」といわれるわけです。これに対しては著者の立場は極めて弱いのです。ある用語について、専門家として重要性が低いので削除しましょうといっても、「この用語がもし次の年のセンターの試験に出たらどうしますか」といわれてしまいます。「教科書の採択率が落ちて社員のボーナスが減った時に、責任を持てるわけではないでしょう」とまでいわれると、どうしようもありません。

最初は教科書をうまく書けば問題が解決すると思っていたのですが、実は単に教科書を変えればよいという話ではないことがわかりました。教科書は、検定から直接影響を受けますし、出版社からの影響も受けますし、入試とも絡みます。あとでお話しする用語が増大し続けるという問題なども絡み合っていて、ひとつのものを変えれば済むという問題ではなさそうだということがわかってきました（図２）。

そんなある時に、高大接続システム改革会議の最終報告が出ました。二〇一六（平成二八）年三月三一日のことです。そこで挙げられているることが三つあって、ひとつは大学教育改革の三つのポリシーです。二番目が高等学校教育改革で、そのなかに高等学校の学習指導要領の改訂が入っています。そして、三番目が大学入試制度の改革で、このなかに、その時は大学入学希望者学力評価テストという名前でしたけれども、センター試験の改革が入っていました。

おそらく問題意識は共通で、いろいろなところを一度に変えれば、もしかしたら絡み合って動きが取れなくなっている問題点を解決できるのではないかということなのでしょう。大学入学共通テストに関しては、もう少し後に細かい方針が出てきて、そのなかに例の記述式と英語四技能評価がありましたが、これらは少なくとも大規模入試とあまりにも反りが合いませんから、最初から無理筋だったと思います。ただし、具体案のなかにひとつだけ「マークシート式問題における知識の深い理解と思考力・判断力・表現力を重視した作問への見直し」がありました。実際にできるかどうかかはわかりませんが、やってみる価値はあるだろう、少なくともそういった方向に少し動いてみようと思ったわけです。改訂が進行している学習指導要領と大学入試を一度に変えれば、自分で書く教科書も含めて、事態を改善することができるかもしれません。そこで、まず、学習指導要領の改訂に絡めて、生物の教科書の無味乾燥な用語の羅列を何とかしたいと考えました。

生物の教科書には、それほど重要とは思えない用語がたくさんゴシックの太字で強調されていて、生徒はそれらを暗記することが求められます。中道貞子先生がお調べになった結果を見ますと、『生物基礎』の教科書でも太字用語が平均して三〇〇程度あります。面白いのはその変化で、指導要領が改訂されて最初の版は会社によってばらつきが大きいのですが、改訂版になると、太字用語が一番多かった会社だけは少し減るけれども、残りの会社の太字用語数は軒並み増えます。要するに、みんな横並びで他の会社の教科書を見ていて、自分のところにない用語を改訂の時に入れるわけです。こういうことをやっているから、あまり意味のない些末な用語が教科書に増殖していくわけです。

たまたま二〇一四（平成二六）年四月から学習指導要領の実施状況調査に加わっていましたので、ここで一緒に問題作成に携わった教育課程課の教科調査官や中央教育審議会の委員、高校の現場の先生などと問題意識を共有して、生物用語の現状を何とかしたいと考えました。結果として中教審の答申のなかでも、歴史と生物の二科目について些末な知識を問うことが多いと名指しでされたので、今度は、日本植物学会と日本動物学会を通して日本学術会議に生物用語に関する小委員会を作ってもらいました。結果的には日本学術会議の報告を「高等学校の生物教育における重要用語の選定について」という名前で二〇一七（平成二九）年に発表することができました。これは、社会的にもある程度インパクトを与えて、ＮＨＫのニュースでも「高校『生物』脱暗記へ学ぶ用語四分の一に絞り込む指針」というタイトルで取り上げられました。この後、文部科学大臣が定例記者会見でこの答申に対する扱いを聞かれて「参考にする」と発言をしたこともあり、その次の年の二〇一八（平成三〇）年に改訂された学習指導要領では、「『生物基礎』において二〇〇語から二五〇語程度の重要用語を中心に指導する」、「『生物』においては五〇〇語から六〇〇語程度の重要用語を中心に指導する」とされ、指導要領の解説では「上記の規定は日本学術会議の報告を参考にした」と書かれているので、この報告が些末な用語を暗記する方向からの転換に少しは役立ったといえるのではないかと思います。

次に、入試をどうやって変えるのかが問題になります。入試の側からも、些末な知識を問う問題ではなく、考える楽しさを感じさせる問題に少しでも近づけることをめざしました。二〇一六（平成二八）年六月に新テスト実施企画本部が設置されて、実施企画委員会問題調査研究部会教科・科目WGが九月に置かれます。そこで共通テストの実施に向けた試行調査、つまりプレテストの実施と結果の分析などが行われました。このWGでは、大学の先生と高校の先生が共に委員を務めましたが、入試センターでそれまで出題を担当されている先生方はみな大学の先生です。高校の先生が出題すると、特に生徒指導をしている場合、利益相反が生まれますから当然です。大学の先生であるセンター試験の出題者からすると、当然ながら入試は大学入学にあたっての選抜試験です。達成度の計測という側面があってもよさそうだけれども、そのような意識はあまりありませんし、作成された入試問題が実は高校の教育現場に大きな影響を与え得るという意識も希薄です。大学の多くの先生から見れば、現状で選抜試験として機能しているのであれば、入試制度を変える必要はないことになります。

そこでまず、今回の大学入試制度改革の目的は、一義的には大学入学者の選抜方法の改革ではなくて中等教育改革にあるという意識を共有する必要がありました。高校への逆流効果を狙っているということです。たとえ指導要領と教科書が変わっても、入試が変わらなければ、高校の先生から「高校では思考力を育てたくても大学入試で些末な知識を問われるので、それに合わせる教育をするしかない」という言い訳が予想されます。大学入試が変わって、思考力を育てる教育が高等学校で一般的になれば、それは大学に入学してくる学生にとってもプラスになるはずだと考えれば、大学の先生にとってもメリットが感じられるでしょう。

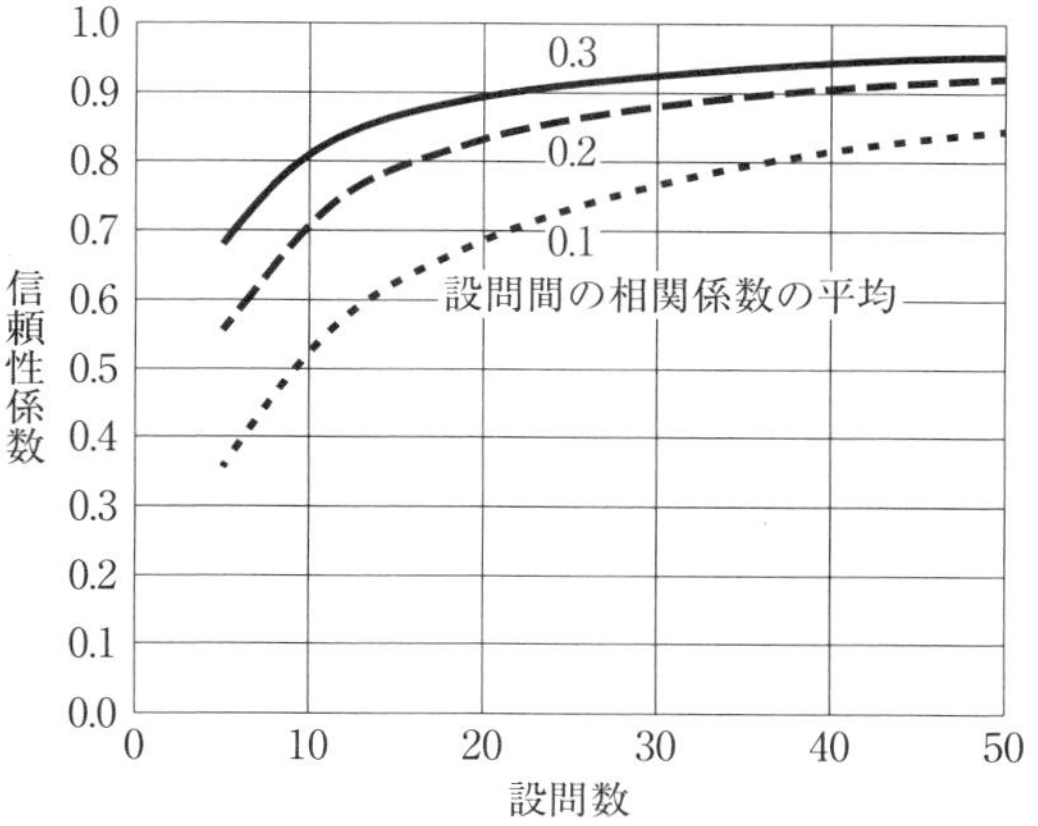

図3　設問数と信頼性係数の関係

とはいえ、一口に「些末な知識ではなく思考力を問う問題を出す」といっても、それが大規模入試で本当に可能かということを考えなくてはいけません。思考力重視の問題にすると生徒の能力を測る識別力が悪くなるのではないかという懸念があったのですが、試行調査の分析結果からは、そうはならないということが分かりました。識別力は、知識問題か思考力問題かという問題の質にはあまり依存しないのです。ただし、思考力重視の問題は、条件反射では解けないので解くのに時間がかかります。もし、試験時間が同じであれば、設問数を減らさざるを得ません。

　少しテスト理論の話になりますけれども、試験問題がどれだけ生徒の能力を適切に評価し得るのかという信頼性係数は、設問数と設問間の相関係数の二つの要因によって決まります（図3）。つまり、ある一定の信頼性を持つ入試問題を作ろうと思ったらそうそう設問数は減らせないのです。もちろん、設問数を減らしながら設問間の相関係数を上げて信頼性を維持することはできるのですが、そうすると今度は問える分野は当然狭くなります。センター試験の理科の設問数を実際に見ると、二〇一九（平成三一）年の本試験の物理基礎などは一四となっていて、既にセンター試験の段階で信頼性が危うい状態ですから、これ以上減らすのは無理です。

さらに、思考力重視の問題は往々にして難しくなりがちだという問題があります。思考力重視だから識別力が下がることはないことは先ほどお話しした通りなのですが、それはあくまで問題の難易度が同じ場合です。思考力を問う工夫をした結果問題が難化すれば、識別力が下がってしまいます。

そうすると、大規模入試で本当に思考力を問えるのか心配になるのですけれども、結論としては、身もふたもないのですが「本当の」思考力を問うのは無理です。試験時間を長くできるのであれば別ですが、同じ試験時間では信頼性を担保できないことが明確です。しかし、今求められているのは高校の教育現場への逆流効果です。些末な知識の穴埋め問題や条件反射で解ける問題を避けることによって、用語を暗記すればよいという学習方法を教育現場から減らすことはできるだろうと考えました。僕は『むすめふさほせ勉強法』を駆逐しよう、とよくいいます。百人一首の札の内、一字決まりの七枚の札の決まり字が「む・す・め・ふ・さ・ほ・せ」です。このような札を取るためには、「むらさめのつゆもまだひぬまきのはに」といっていたのではもう遅いのです。効率的に札を取るためには「むーきりたちのぼる」と覚えなければいけません。和歌として重要なのは、もちろん一首全体の言葉と意味なのですが、競技としての百人一首を考えた場合には、一首全体を覚えるとかえって取るスピードが落ちて効率が悪くなります。そこで『むすめふさほせ勉強法』に頼るわけですが、効率的に問題を解くための勉強法によって、逆に学ぶべき本質が失われてしまうのであれば本末転倒です。ここを最低限何とかしたいわけです。

この点に関して、二〇一八（平成三〇）年のプレテストに、筋肉の繊維の構造の図を選ぶ問題が出題されました。教科書や問題集には、たいてい写真と構造図が対比されていて、その間の対応を学習します。定番の問題なので正答率はふつう高いのですが、このプレテストでは正答率がかなり低くなりました。この原因は、プレテストの問題では、よくある構造図が角度を変えて描かれていたことにあると思われます。筋肉はもちろん立体的な構造をもつので、それをイメージできていれば、どの角度から構造図が描かれていても答えられるはずですが、多くの生徒は、よく見る図をパターン認識で覚えて反射的に解答していて、筋繊維の構造など実は考えていないのでしょう。『むすめふさほせ勉強法』の弊害です。

このような調査・分析・議論を経て、実際の大学入学共通テストの生物の問題がどうなったかを最後に見てみましょう。まず、大きな特徴としては、単純知識の穴埋め問題はなくなりました。ただし、用語ではなくて論理的に整合する文言を入れるという穴埋めは存在します。次に実験に基づく問題が増えました。生物は、自然科学の一分野として実験がとても重要です。いわゆる探究的な活動をしている生徒が少しでも有利になることが期待されていますけれども、実際にどれだけの効果があるかは分かりません。最後に、反射的には解答できない、一瞬でも現象の本質を考える必要がある問題が増えました。その最後の点が、「本当の」思考力を問うことが難しい条件の下で、大学入学共通テストが高校における『むすめふさほせ勉強法』を助長しないようにするためのぎりぎりの工夫なのだと思います。

では、このような大学入学共通テストの変化に対してどのような批判があったかを最後に見ておきましょう。ひとつは「思考力というほどではない」という批判です。それはそのとおりで、そもそも「本当の」思考力は大規模入試では問えません。個別入試で対応をしてくださいということになります。それから「知識だって必要なはずだ」という批判もありました。これもそのとおりです。ただし、本質的に必要なのは概念的な知識であって、ものの名前、例えば「葉緑体の中にはグラナがある」と、その役割も考えずに片仮名三文字を覚えることは、生物学の本質ではありませんし、それを入試で問うことに意味があるとは思えません。最後に「こつこつ用語を暗記した生徒がかわいそうだ」という批判もありました。要するに、暗記したから解ける問題ではなくなると、暗記に努力した生徒がかわいそうだということでしょう。でも、例えば物理の入試に対してそのような批判は聞きません。生物を暗記科目だと思っているのでそのような批判が出るのだとすれば、生物の入試改革としてはむしろ成功だったのではないかと思います。

ご清聴ありがとうございました。

参考資料
中道貞子「高等学校『生物基礎』教科書における用語と頁数について―初版と改訂版の比較―」『生物教育』五九、二〇一七年、一九-二四頁。

総括討論

佐藤：それでは、総括討論の時間に入ります。進め方としては、質問票でご質問いただいた方々がいますので、まずそれを先に対応させていただき、続きましてオンラインのQ＆Aでご質問をいただいた方々について取り上げたいと思います。

まず質問票になります。質問票は濱中先生、紅野先生、それから講演者全員、どなたでも結構ですということですので、まず濱中先生に対するご質問になります。ご質問は二つありまして、「英語に関してマスコミなどでいわれている問題以外に、漏えいリスクもあったのではないでしょうか」ということが一点目。二点目が「国語で、失礼かもしれませんが採点者より高いレベルの受験者がいる可能性は否定できず、マーク式の設問だけで対応するよう努めるべきではないでしょうか」というお尋ねであります。

濱中：漏えいリスクの点は、民間だとそのリスクが高まるのでは、ということでしょうか。

質問者：どうも失礼しました。民間試験は七社ぐらいが関係してくるということで、それで非常にたくさんの方が関わることになるわけです。ですから、それだけ漏えいのリスクもあり得るし、なかには分からないまま終わってしまうケースがなきにしもあらず、そういう意味合いです。

濱中：まず、民間ではどのように作問しているのか、そのあたりの情報がまったく出てきませんので、何ともいえないのですが、大学入試センターのやり方を間近でみてきた立場からいえば、あれほどのセキュリティを死守するのは難しいのではないかと思っています。

二点目ですけれども、その可能性はもちろんあると思います。ただ、記述式については、採点にあてることができる期間等、もっと根本的な問題を内包するものだったというところがなにより大事なのではないかと思います。

佐藤：続きまして紅野先生へのご質問です。「現代国語において、文科省が教科書の小説を『読む』ではなく『書く』と指示したというご指摘がありましたが、実際小説を書くことのみで扱うことは可能なのでしょうか。また、小説を読むことが軽視されている理由も知りたいです」と、大きく分けて二つだと思います。

紅野：文科省の指示はその意味がまったく理解できないです。「書く」の前提として読むならばいいといっています。読むけれども理解はしないまま、これと同じようなものを書いてみましょうということになるのかもしれませんが、いずれにせよプランは示されないままです。指導要領に明らかに違反しているものですから、何とか無理やり整合性を持たせようとしてそのようなことを言い出しているとかしかいいようがありません。これは、ほとんど高校の国語の先生も生徒もなめられているとしかいいようがない事態だろうと思います。

なぜ、そんなに小説が遠ざけられているかについて。分かりにくいところがありますけれども、今までのいわゆる優れた名作と呼ばれているような小説は、額縁に入れて美術館に送り出してしまいたいのでしょう。しかし、その一方で、共通テスト問題のスタイルでも、先生と生徒の会話など、学習過程を出そうとしてほとんど小説的になっています。むしろ下手くそな小説のようなシチュエーションをテスト問題のなかで繰り広げていて、それ自体がフィクションにすぎないということに自覚がない。それが最大の問題点です。小説理解がまるでできていない。そのような形で指導要領改訂は進められてしまいました。元から指導要領にすぐれたものなどないのですが、今回のはあまりにもひど過ぎると考えています。

佐藤：では三つ目で、これは講演者どなたでもということで、「教科書の記述は歴史的に見ると大きく変遷してきています。それは、研究の進展の結果だと思いますが、記述が変わると教育現場から大きな反応があると聞きます、反発も含めて。それは入試でも同じで、研究者のコミュニティと教育者のコミュニティが良好な関係を築くにはどうすればよろしいでしょうか」という質問です。これは、どなたでもということですので、何かご発言がある方がいらっしゃいましたらお願いできればと思いますが、いかがでしょうか。

では、小森先生、よろしくお願いします。

小森：ありがとうございます。先ほどのお話のなかで少しはしょってしまった部分があり、今のことに多少関連するかもしれないと思ったので、その部分ついて触れさせていただきます。

研究の進展という意味では、もちろん歴史学も史料が見つかったり、あるいは方法論が変わったり、さらには研究が深まったりすることで、われわれ研究者のなかでの共有された認識が変化することはあります。

例えばですけれども、高校世界史などで学ぶアメリカの独立やフランス革命やイギリスのピューリタン革命・名誉革命、この辺りのほぼ同じ時期に起こった革命の比較というようなことがある年、東京大学で出題されまして、それについて解説している文章を読んだのです。その解説は古いものではなく、去年出ているわけですけれども、私はこの分野の専門ではないですが、それでも、われわれが知っている現在の歴史学の認識とかけ離れていて、かなり驚きました。それで山川の教科書はどうなっているのかと思って見たら、まさに古い認識のままで書いてありました。例えばイギリスの革命であるならば、教科書の記述はまさに一九世紀の自由主義史観にのっとった物語であって、今では否定されないまでも、ある種の偏りのある見方であるという指摘がなされ、別の観点からの語りが必要であるということはいろいろな先生が書かれるなどしています。

先ほどお話ししましたとおり、教科書に沿って入試問題は作られるので、そうすると、答えも教科書に合わせたものでなければいけないわけですから、悩ましい状況であるとは思っています。ご質問はなかなか難しくて、研究の進展で教科書の記述が変わることもあり、変わらないこともあり、そこでまたいろいろな問題が生じているということはあるかと思います。ですから、大学の現場と高校の現場の連携というのは当然必要ですし、もう既にいろいろな機会を作って行われているとは思います。ただ、そこで連携したとしても、先ほどの園池先生のお話にも今あったとおり、通説に代えて新しい見解を教科書に載せてしまって、それで受験生が答えて、それが正解とされなかったらどうするのですかと教科書会社にいわれたら、どうなるのかというのがよく分かりません。だから、ある一部だけで連携すればすむということでもないと考えます。

佐藤：園池先生、お願いいたします。

園池：生物学は、いろいろな科目のなかでも教科書の内容が一番変わる点が特徴的です。例えば、物理や数学で高校レベルの教科書の内容が間違っていたということはないでしょう。しかし、生物は十年前の高校の教科書の記述が間違っていましたということが平気であります。そうすると、新しい発見を教科書でどのように扱うかが常に問題となります。新しい発見があった際に、どこまでそれを取り入れるかがひとつ問題になります。著者としてはどうしても新しい発見を書きたくなりますが、生物学の研究においては、その新発見が再度覆される可能性を否定できません。逆に、研究者一〇〇人に聞けば九九人が認めるようになった確立した発見であっても、検定で前の記述と変えては困るといわれる場合もあります。変えたいけれども変えるべきではないかもしれない場合、変えるべきだけれども変えられない場合、その両方あるので難しいのです。

このような比較的新しい発見を入試で使う例も最近増えています。新しい発見につながった実験結果を与えて、そのデータの意味を考えさせる問題で、当然ながら教科書には記載されていない実験であることがほとんどです。ただ、これについては、新しい発見があった時にどう考えるのかという普遍的な思考能力を問うていると考えることができますから、むしろ評価すべきなのではないかと思っています。

紅野：「国語」の場合は、研究の進展とはまったく関係ありません。あり得るとしたら『枕草子』の写本がどこで見つかってというようなことで事実の発見があったとなったら、それは教科書に書き込まれるでしょう。けれども、それは逆にいうと非常に細かいことになってしまっているということです。国語教育は文学研究の世界と関係ないところで動いている、ここがややこしいところです。もちろん、放置してきた文学研究の側も相当に問題があるわけです。

ただ、説明したように、研究の世界のなかでは「文学」の概念はずいぶん変わってきた。けれども、「国語」のなかではまったくそれとは関係なしに別の「文学」像を思い描いていた、この乖離が一番問題です。だから、本来は文学研究の世界と国語教育学がもっと真剣に対話をしてクロスするようにしないといけない、相互にそれぞれのテリトリーを守って交流しないことが今回のような事態を引き起こした問題点のひとつではないかと考えています。

佐藤：その辺の研究と教科書、入試の三つどもえのところの問題かと思いますが、研究者のコミュニティと教育者のコミュニティ、つまり現場のコミュニティだと思いますが、それがどういうふうに良好な関係を築けるかというお尋ねですが、その辺について何かお知恵やご意見などありますでしょうか。

では、渡邊先生よろしくお願いいたします。

渡邊：どれだけ代表性のあるお答えになるか分かりませんが、教科書が学説としては古いものだというのはよくいわれていることです。私たちも新しい研究書や、手に取りやすい新書を手に取って確認します。ただ、それが実際の授業でどう還元されるかというと、入試というものを制約要因として捉えると、「覚えるのはここですが、面白いのはその先のこういう面です」となってしまいがちです。しかし、それでは「今自分が教えているのは面白くないものだ」ということを暗にいってしまっているような気がして、もどかしいというのが、私の経験です。

佐藤：その他はいかがでしょうか。では、紅野先生、お願いします。

紅野：今、渡邊先生がお話しになられていましたが、やはり専任の先生が大学院に行かれるような形の仕組みがもっと一般化しなければいけないと思います。現状においては、学部卒で教員になっておられる方が大半でしょう。そういう方たちが大学院で学び直しをする機会を増やすような仕組みがなければいけないのに、それがまるでできていない。ましてや少子化で、実は各学校の教科専任の先生が少ない。私の教え子で千葉県で中学校の国語の教員をしている人がいます。教員になって三年目ですけれども、「もう教科主任にさせられました」と聞きました。びっくりして尋ねたら「国語科の専任教員が五人しかいなくて、お一人は産休でお休み中、お一人は病気休職、残り三人しかいなくてあとは自分より年下です」といっていました。つまり、そういう人的資源において枯渇した、異様に貧しい状況が起きているわけです。

濱中先生のお話で、教育的配慮や未来志向のいい部分と弊害の部分があるというお話がありましたが、その未来志向も結局、人的資源をきちんと投入しないで課題だけ与える形になると、たいへん苛酷で負担の多い状態になってしまう。十二分な勉強や学び直しはできないわけですから、教育の質が上がるわけがない。やはり一定の期間がたてば、専任の先生が大学院へ来て学び直すことができる状況を普段からつくる必要があるのではないかと思います。そういうことがおそらく教育現場と研究者のコミュニティをつなぐ回路になると思います。

佐藤：渡邊先生のような方がもっと増えるということと、今のお話ですと働き方改革などもこの問題に関わってきそうだということを感じました。

これまでのご質問が質問票で、オンラインのほうで九つほどいただいています。残り時間はあと三〇分少しになりましたので、そちらのほうに進めさせていただきます。

オンラインで書いてくださった方、時間の関係で全てお答えできないかもしれませんけれども、ご了解ください。

では、まず濱中先生へのご質問です。「教育改革のなかで非専門家によるミスリードが指摘されていました。研究者や専門家にとっては耳に心地よい説明ですが、ではなぜ研究者や専門家がそれを防げなかったのかという観点が必要ではないでしょうか、いかがでしょうか」です。以上です。

濱中：ご指摘ごもっともと思います。非専門家の方々がいろいろいっても、研究者側も止めるチャンスはあっただろう、その通りだと思います。研究者側の問題に関しては、日本教育学会が発行している『教育学研究』八七⑵で書かせていただきましたので、そちらをご覧いただければと思います。「反論可能な論点提示」「不十分な実態把握」「未来を描かない論法」の三点を挙げています。

佐藤：ありがとうございます。

大変恐縮ですけれども、オンラインの方はＱ＆Ａからのご質問ということにさせていただきまして、基本的には直接のやりとりはしない形で進めさせていただきます。

続きまして、紅野先生に対するご質問です。「他教科が総合に向かっているのに対し、なぜ国語は孤立化に向かってしまったのでしょうか。日本文学研究自体はむしろ総合、多様化していることを考えれば、まったく反対の方向に行っているように思います」ということです。

それに関連して、これは学部生の方からの質問ですけれども、「聞けば聞くほど論理国語と文学国語に分けるのは失策です。なぜ、そもそも二つに分けることになったのでしょうか」という学部生の立場からの質問です。

紅野：前の科目名称は「国語総合」ですから、「国語総合」「歴史総合」「地理総合」と、総合でそろえていけばよかったわけです。ところが、そうならなかった。「現代の国語」「論理国語」が中心になった背景には、経済界・産業界の期待があったのでしょう。教育再生実行会議や中教審の委員は、それらの要望に応えようとしたのでしょう。論理的思考力とプレゼン能力を上げていって世界に打って出ていく、ＧＡＦＡのような企業をつくる人材の育成には、少なくとも相手を説得し切る、論破する能力を身に付けた人材を育成したいということだったのでしょうね、ばかばかしいけど。そういう人材を何十万人という数で輩出することを期待するなんて、私には空想的過ぎるし、自分たちでできないことを押しつけるなといいたい。一握りの優秀な人材を生み出すために全体に負荷をかける必要はないと思います。

ただ、それは必ずしもそういう経済人ばかりかというとそうでもなくて、例えば、著名な学者でも基本的には「論理国語」でいいではないかといっています。それは、個人的な体験に依拠しています。皆さんのなかにでも、教わった「国語」の先生がつまらなかったという方がおられるかもしれません。なかでも現国の先生は面白くなかったという記憶が語られることがある。心理学や社会学の学者のなかにそうした見解に乗っかる方もいて、「論理国語」「文学国語」が別でいいじゃないかという議論が形成されました。「現代の国語」と「言語文化」も基本的にはやはり論理と文学という分け方をベースにして出来上がっています。高校の国語教育の体系をそういう方向に持って行くつもりではないかと思います。

確かに論理性も必要です。そのこと自体は間違いではない。しかし、実際、一年間、高校生を教えた経験のある人たちは、評論だけ読んで生徒たちが面白がってくれるとは到底思えません。やはり、小説も入れたり詩歌も入れたりしながらバラエティのある形で言語の体験、言語の文化をしっかりと教えていくことが論理性にもつながっていくはずです。

とりわけ小説や詩歌の場合は、最終的に論理だけでは割り切れないものがあることを前提にしています。不可解なもの、不透明なことに向かって論理的に考えると同時に、分からないこと、読めないことも大事にしています。評論・実用文は逆にいうと割り切れる世界をめざし、そういうコミュニケーションの取り方をめざそうとしている、その両方があって世界観は組み立てられるのですが、片方だけではやはり問題があるのではないかと思います。

ですから最終的にこれは、もう一回つなぎ直す必要性がある。私自身が関わっている教科書自体では、「文学」の概念をむしろ現代の文学研究の発想で捉え、小説や詩歌だけが文学ではないという判断に立ちました。優れたエッセイもあれば優れた評論も文学ですし、丸山眞男の文章もそうだし、福澤諭吉や鶩田清一の文章は、ああいった文章の文学性、他者への想像力をむしろしっかりと取り込むことが重要なのではないかと考えています。そうした観点からもう一回、学習指導料の再改訂、小改訂があるべきではないかと思います。

佐藤：ありがとうございます。
　続けてオンラインからの質問です。社会で渡邉先生だと思われます。「歴史教育のお話は大変興味深かったです。時間をかけた精読の必要性ですが、情報過多の現代において素早く情報を整理するだけではなくて、素早く正しい情報を選択する力が重要なのではないでしょうか。それを科目を通してどう教えることが考えられますでしょうか」という質問です。
　小森先生には、アドミッション・ポリシーのところについて、二つ一遍に紹介させていただきます。「教科書の指導書が丁寧過ぎて、それに頼る先生が多過ぎるのではないでしょうか。先生の指導力を伸ばすことが最も生徒に重要であり、指導要領に縛られずにもう少し自由に高大連携を図ってAPを重視した入試問題が作れないかと考えています」というご意見です。それから、あと「単純な知識を問うということに対する批判を小森先生はご指摘になったと思います。単純な知識、例えば暗記するにしてもそこに思考力を発揮するようなことが指摘されていましたけれども、そういう暗記の重要性といいますか効用といいますか、それはむしろ大事にしておくべきなのではないでしょうか」という二点になります。
渡邉：ご質問ありがとうございます。もちろん、できるだけ速いスピードで情報を収集することも大事だと思いますが、歴史科目で史料を読んだ時に、「なぜこの史料は出されたのだろうか」「史料を書いた人物はどういう時代に生きていたのか」といった、当時の「文脈」と結び付けながら書かれている内容を理解することが、精読のひとつの形かと思っています。それをできるだけ速いスピードで求めるということは、「識別力」という点も踏まえた時に必要なこともあると思いますが、今求められている情報量で、共通テストを出題し、そこから批判的な吟味が生まれずに、まるで説明書を読むかのようなことが本当に歴史の学力として必要なのか、ということに疑問を持っています。歴史を教える身としては、もちろん速さも必要だけれども、やはり文脈を補いながら読むということを大切にしたいです。

小森：ありがとうございます。アドミッション・ポリシーについてのご意見だというふうに理解をいたしまして、なかなかどこをどうすればというのが難しいということを先ほど来、ずっと自分で話していても、他の先生方のお話を聞いていても感じるところです。もちろん指導力は、たぶん大学教員も求められていますし、高校の先生方ご自身も指導力を高めたいというふうに思われていると思いますが、先ほどの紅野先生のご指摘もありましたけれども、やはりどこの高校も大学も、先生方がかなりいろいろな仕事にきゅうきゅうとしていて、自分の能力を高めるというところに時間を割きにくい、そもそも人員が少ないから休めない、勉強したいけれども他にいっぱい仕事があるというなかで、どこまでそれを求めていけるのかというのがひとつあります。

もうひとつ考えているのが、先ほどアドミッション・ポリシーに合った選抜をすればいいというふうに、少し単純化して申し上げました。ただ、では今私たちが提示できているアドミッション・ポリシーはそんな大したものなのかというのがもうひとつありまして、これは濱中先生にお伺いしたほうが良いのだろうと少し思ったので、後でお願いします。いずれにしても、果たしてそれがどこまで実質的なのかというのは常に私自身も考えています。

一方で、われわれは大学で授業をしていて、学生とも接していて、そうすると、こういう学生さんにもっと入ってほしい、こういう学生さんにはこういうことをもう少し高校で勉強してきてほしいということを日々経験しつつ、その経験を踏まえて今度はアドミッション・ポリシーを作る、あるいは入試問題の作題に関わられる先生がおられます。こうした経験や感覚には当然文字化されていないところもあるのかとは思っていて、そこをどう考えていくのかというかなり感想めいているのですが、そんなことを感じています。

暗記についても少し補足させていただけば、強調したいのは、共通テストで九割以上、あるいはセンター試験でも同じですけれども、かなりの高得点を取るためには相当体系的に覚えなければいけないということです。Ａと訊かれればＢと答えるや、何年の出来事は何、あるいは年号を語呂合わせで覚えるというやり方では限界が当然あります。人はそんなに覚えられません。むしろ、この時代はこういう時代だ、だから○○だったらこんなことをしそうだ、この思想家だったらこんなことをいいそうだ、あとはこの国での出来事だったらこういう流れだと位置づけた上で人は記憶しているはずです。ただ、それが入試の段階になってくると自然化されているので、そこまで感じない。それから、見ている側からすれば、何か単に条件反射で答えているというふうに見えるのですが、必ずしもそうではありません。

今回の入試改革の方向性は、少なくとも世界史については歓迎すべきだと思っていますけれども、そういった知識を問う問題というのがあまりにも減ってしまうのは、負担の問題だけではなくて、覚えることを軽視することにつながり、覚える際の頭のなかのプロセスが失われてしまうのではないかと懸念してはいます。

佐藤：ありがとうございました。では、濱中先生、よろしいでしょうか。

濱中：アドミッション・ポリシーを重視した入試ができないか、ということでよろしいでしょうか。

まず、アドミッション・ポリシーそのものの意義ですが、それなりにあると考えています。三つのポリシー、DP、CP、APですが、どのように学生を育て、そのためにカリキュラムはどうあるべきで、こうしたことを実現するためにどのような学生を迎えるべきか。こうした点について、大学関係者は疎かったところがあります。三つのポリシーは、そうした気づきを与えた点で有効でした。毎年見直すほどのものではありませんが、教員陣で数年に一度見直すぐらいの意味はあると思っています。

さて、一方でアドミッション・ポリシーに沿った入試というのは、別次元で難しい問題です。というのは、日本の多くの入試は、時間・人という点でかなりの制約があるものになっています。アメリカのように、オフィスがあり、専門の人たちが時間をかけて選抜するということであれば、可能性もあるでしょうが、日本では限界があります。関連して大学教員のあまりの多忙さのことについても言及しておく必要があるかもしれません。忙しすぎるゆえに、入試業務を雑用だと捉える見方すら生まれています。そこに、アドミッション・ポリシーに即した入試というものが生まれるようにはみえません。しばしば方法論で議論されがちな入試ですが、資源という観点を入れ込む必要があるように思います。

佐藤：ありがとうございます。入試は雑用という、耳が痛いご意見がありましたけれども、確かに入る前の教育の一環といいますか、入試というものが単なる儀式ではなくて教育のプロセスと捉えていくと、一番初めにだされた研究者と教育者のコミュニティの関係もつくりやすいかと思ってお伺いしました。

それでは、園池先生に対してのご質問で具体的に大規模な入試制度、今のアドミッションのお話とは少し違ってくるかもしれませんけれども、「大規模な入試制度に専門領域の研究者の意見がうまく生かされた大事な事例だと思いました。これが生物以外にどれぐらい汎用性があるとお考えでしょうか。例えば、理科の他の科目もあると思いますけれども、その辺の先生のご提案が他のところに大変重要なご指摘だったのですけれども、それがどのような汎用性をお持ちだとお考えですか」というお尋ねです。よろしくお願いします。

園池：ありがとうございます。実は、理科といいましても最初にお見せした受験生の分布を見ていただくと分かると思いますが、物理と生物ではまったく状況が逆です。物理のほうは、むしろ文系の学生が基礎科目を取らずに物理を何も知らないで卒業していくというところが問題なので、生物とはおそらく逆の戦略が必要なのだと思います。また、入試問題も物理は生物より論理的にできています。例えば生物では、誰それの法則があった場合に、その名前の部分が空欄になっていて人の名前を答えさせるような問題が、少なくとも昔のセンター試験だったらあり得るわけです。でも、物理でファラデーの法則のファラデーを答えさせることは絶対ないでしょう。入試における立ち位置のようなものが物理と生物ではまったく逆転しているので、今日ご紹介したやり方が物理にも何かプラスになるかというと、これはならないのではないかと思います。

一方で化学はある意味で中庸で、現在の入試制度については、化学分野の人が一番うまくいっているという感覚を持っているのではないかと思います。その意味で、化学ではそもそも改革しなければというモチベーションがそれほどないのではないでしょうか。結論からいうと私のお話しした内容にはあまり汎用性はなくて、生物が非常に困っていたところを解決したという側面が強いと思います。

佐藤：それでは追加で、オンラインでご質問してくださった方もいますけれども、せっかく会場に集まっていただいたこともありますので、会場から何か今のお話を聞いていてご質問したいことなどありましたら、お願いできたらと思います。

質問者：論理国語のことですけれども、先ほど先生がおっしゃいましたようにGAFAのような人材を育成するためには必要なことだと思います。グローバル社会ではどうしても論理性は必要だと思います。

それと、もう一点は、図書館で図書管理細則の解釈の仕方を間違えて、論理的なミスですけれども、それで自由民権の本や文学の本などといったものを誤って除籍、焼却した例などもありますので、やはり文学というものも大事ですけれども、その前に論理性がなかったらこういうことにもなってしまうので、非常に論理国語は大事ではないかと私は思っています。

きょうは、どうもありがとうございました。

紅野：話の中で少し触れたのですが、ルーブリック評価を含めて教育が全体としてある種のナビゲーションシステムのなかで動いていると思います。

高校もそうですが、大学でももちろんそうです。先ほどの三つのポリシーも同じです。ナビゲーションシステムがある種の形式主義になりつつ、でもその形式を徹底させようとする強い力が働いていて非常に息苦しい。うそを書いているわけではないけれども、一応表面上はこれこれと書いたけれども実態としては違う、そんな乖離がどんどん起きている。

言葉の空洞化はこういう問題とつながっているのではないでしょうか。授業を受けている高校生はつねにこの教材を通して何を学んでいるのかがよく分かるようにしていなければならない、そんな指示がなされています。でも、実際の教室のなかで起きてくることはいつもアクシデントです。想定外のことに対してどう対応すべきか、それが教室のなかでは問われると思います。こうした管理主義について濱中先生はどのようにお考えになっていらっしゃるかをお伺いしたいのですが、いかがでしょうか。

濱中：紅野先生のおっしゃるとおりだと思います。大学教育改革は始まってから三〇年ほど経っていますが、日本人は徹底したものを好む傾向が強く、管理の仕方も洗練・徹底され、例えば日本の認証評価のことを海外の方に話すと、すごく驚かれるというレベルにまでなっています。ただ、教える側の立場からすれば、管理されているなかでも守るべきものは守るということはできるはずです。私がむしろ気になっているのは、学生のほうが教員以上に形式化された教育から影響を受けているのではないかということです。

シラバスを例に出せば、私が大学生だったころはかなり雑なものでした。情報もあまりなかった。そのため必然的に授業を選ぶ基準は、担当教員ということになります。この先生の授業だったら、こういうことをやるのではないか、この先生だったらこれぐらいの厳しさではないか、といったことを考えながら授業を選ぶ。

でも、今の学生は、徹底的に洗練されたシラバスが手元にありますよね。概要、一五回の流れ、成績の付け方…。そして学生たちの話を聞くと、こういった情報は見るけれども、担当教員が誰かは見ていないようなのです。そして履修した授業を振り返っても、担当教員の名前が出てこない。授業が匿名化しています。

私自身、教育というのは人間臭さがある営みだと思っています。入試もそうです。けれども形式化が進むことによって、その人間臭さがなくなり、若者がそれを当たり前だと思うのは、問題ではないかという気もするわけです。このあたり、高校の現場はどうか、渡邊先生にもお話しいただきたいのですが。

渡邊：私の報告ですと学習評価の部分が該当すると思います。授業については、私は「何でもありの危険性をはらんでいる」と申し上げたのですが、だからこそ評価に時間をかけるべきだと思います。ルーブリックなどの評価ツールは、使い方を誤れば、「形式的になっていく」ことの典型になってしまいます。

例えば、ルーブリックで観点ごとに提示した時に、その観点のクロス表に合致しているかどうかで評価するという形式的な方法で効率化を図ると、本来は悩んでじっくり考えて応対していたところが、形式にどんどん誘導されて行きます。数百人規模の生徒の成果物を日常的に評価しようものなら、私自身もそちらに乗っかっていきがちで、「いや、そうではない」と何度も立ち戻ったり、コメントを付けたりします。生徒の側から見てもこの点が危険であって、子どもたちはルーブリックを見てそのとおりに書けばいいと考えるようになりかねません。多様だ、多面的だ、といいながら、結局は、ただ誘導することになりかねない。そこをずっともどかしく思っていて、私は毎回の授業で、学んだ知識と生徒の考えを書かせるというのを課していて、その成果物にコメントを付けて、教室全体にフィードバックしています。そうすれば、まだ多様なものも見とることができるかと思う反面、僕の目に付かない子たちは結構型どおりの文章になってしまっていて、結果的には逆効果を生んでいるのではないかという、そこのもどかしさを常に感じています。そして、そのようなことを続けるとどんどん勤務時間外の評価時間が増えていくという点もあり、厄介な問題です。

紅野：お二人の話を伺っていて、やはりそうだと改めて思いました。もともとこの大学改革や高校改革は基本的にはアメリカの大学などをモデルにしながら出てきているのでしょうけれども、実際私が付き合っているアメリカの大学の先生たちにいわせると、「形は決めているけれども中身はアバウトです」というわけです。それに対してアメリカの文化を持ってきながら、日本的な形式主義でとことんやってしまう。それによって、何か元も子もなくなってしまうのではないかという危険性を強く感じます。

だから、先ほど渡邊先生も言われたように、おうむ返しのような、あるいは何かマニュアルに従う形で書けば、それで一通り一定の成績が取れるかのように思い込んでしまう生徒たち、あるいは大学生でもシラバスどおりであるかどうかをチェックする存在になってきて相互管理を内面化してしまっている、そういう学生たちの増加をやはり深刻に考えなければいけないのではないかと思います。

想定外の事件が日本ではたくさん起きるようになりましたが、現実はほとんど想定外のことばかりです。想定外のことに対応する、それこそはやりの言葉でいえば、レジリエンスが問われなければいけないのに、レジリエンスは共通テストの試験問題にはなるけれども、実際にはレジリエンスがないという情けない状況が今現在のような気がします。

佐藤：それでは、定刻を五分過ぎましたので、そろそろ会を閉めていきたいと思います。想定外と入試、今レジリエンスのお話がありましたけれども、大人たちも子どもたちも入試に合わせる形で主体的に何かに従っていくようなメカニズムが、昔からいわれていることですけれども、そういったことが問題になってきているということも感じました。先生方、最後に一言、簡単にお話しいただいて閉会とさせていただきたいと思います。

濱中：ありがとうございます。もう十分に話す時間をいただきましたが、とにかく二〇二五年度入試から、二年後どうなるのだろうというようなことは私もずっと気にしています。また、先生方と考える機会をいただければと思います。どうもありがとうございました。

紅野：私もしゃべり過ぎてしまいました、すみません。申し訳ありません。もう特にいうことはありません。二〇二五年にもう一回、たぶん次の幕がありますので、その段階でどういうことが起きてくるかをしっかりと見据えながら、先生方とともに考えていきたいと思っています。どうもありがとうございました。

渡邊：貴重な機会を頂き、どうもありがとうございました。二〇二五年の頃には子どもたちと向き合って、入試とも向き合っている頃だと思いますので、今後も関心を持ち続ける話題です。どうもありがとうございました。

小森：私も本日いろいろなことを学ばせていただきました。異なる分野の先生方とも議論ができるこういった機会はとても貴重ですし、それからご来場の皆さま、オンライン参加の皆さまからもいろいろとお話を伺うことができて良かったと思っています。

　少し前にデジタルトランスフォーメーションという言葉がはやって、今はそれほどいわれなくなっているかもしれませんが、いずれにしても日本はオンライン化が遅れているというような話はずっとありますね。その話が別の研究会ででた時に、オンライン化することよりも人の考え方を変えていかないと、結局はモノだけが変わっても、あるいはプラットフォームだけ変わっても駄目だということをおっしゃられた偉い社長さんがいらっしゃいました。

　私も先ほどの濱中先生のコメントには本当に賛同していて、やはり大学の教員も変わらないといけないと思います。私は早稲田大学出身ですが、自分が学んでいた頃の休講だったら幸せだという時代とは少し変わってきていますね。学生の頃はなぜこの大学はこんなに休講が多いんだと思っていて、それはそれで幸せだったのですが、今は少し時代が変わってきてしまって、そういう場で学んできたわれわれが今教員の立場になった時に、今の学生の幸せのためには、考え方を変えていかなければならないところもあるのかと、今日はそういうことを考える機会になりました。ありがとうございました。

園池：先ほど想定外の話が出たので、生物から見た想定外について最後にひとつだけお話ししておきます。特定の環境に非常に特化して効率を上げた生物は、環境が変動した時に真っ先に絶滅します。それは生物学的に避けられないことです。効率化とレジリエンシーは、少なくとも生物学的には絶対両立しません。そしてそれは、社会的にも同じではないかと思います。

佐藤：先生方、ありがとうございました。

本日は、まずはオンラインで参加してくださった方、ありがとうございます。質問に対してお礼のコメントなども書いてくださった方がいらっしゃいました。

それから、本当に久しぶりに対面での開催となり、どれぐらいいらっしゃってくださるか不安なところだったのですが、今日は会場にこういう状況で足を運んでくださいまして本当にありがとうございました。

そして、何よりもきょうは登壇者の先生方には会場に来ていただくことで、この講演会を開くことができました。お忙しいところご尽力いただきましたことに心よりお礼申し上げます。

「早稲田教育ブックレット」№．28刊行に寄せて

近藤　孝弘

早稲田教育ブックレット28は、早稲田大学教育総合研究所の教育最前線講演会シリーズ34「大学入試、どう変わるか―新学習指導要領×大学入学者選抜」（二〇二二年七月一六日開催）での報告と討論をもとに刊行されています。

講演会が開催された時点で、日本の高校・大学は、日々の授業で何をどう教え、試験で何をどう問えば良いのかをめぐって先の見えない状況にあり、それは今も続いています。背景には、四月の高校用新学習指導要領の実施と、二〇二四年度を待たずに大学入試改革が大きな軋みをあげつつ進められている現実があります。

学校制度の全体が、あたかも高度経済成長期から増築と改修を重ねて迷路と化した巨大建築物のように、さまざまな要求に応えてきた結果として存在している以上、どのような改革にも不満や反対の声が生じるのはやむを得ないところです。もう少し緻密に新たな全体像が示されていれば、より効率的に議論ができた可能性もあるとはいえ、少なくとも議論そのものを避けることはできず、また望ましくもないでしょう。

もちろん、このような中間総括もまた、いわば状況を俯瞰する教育学の立場ないしその利害を反映しており、実際に議論に参戦せざるを得ない状況に立たされた方にとっては、いい迷惑かもしれません。いずれにせよ確かなのは、利害関係は同一平面上で錯綜しているだけでなく、いわばメタレベルにまで広がる複雑な構造をなしているということです。

さて、このように問題の構造を分析しても解決策が見つかるわけではありません。それを捜し当てることができるのは、時間だけなのでしょう。とはいえ、その時間を満たす試行錯誤をより意義あるものとすることは重要です。本ブックレットが、この点で大いに貢献することを願ってやみません。

（早稲田大学教育総合研究所　所長）

著者略歴（2023年３月現在）

濱中　淳子（はまなか　じゅんこ）
早稲田大学教育・総合科学学術院教授　博士（教育学）
略歴：東京大学大学院教育学研究科博士課程単位取得退学。リクルートワークス研究所研究員、独立行政法人大学入試センター助教・准教授・教授、東京大学高大接続研究開発センター教授を経て現職。専門は教育社会学、高等教育論。最近の著作として、『情報技術・ＡＩと教育』（編著）、『大学入試改革は高校生の学習行動を変えるか―首都圏一〇校パネル調査による実証分析』（共著）など。

紅野　謙介（こうの　けんすけ）
日本大学文理学部特任教授　修士（文学）
略歴：早稲田大学大学院文学研究科博士後期課程単位取得退学。麻布学園中学高校教員、日本大学文理学部専任講師、助教授、教授。学部長・理事を経て、二〇二二年一月に定年退職して現在は特任教授。専門は日本近現代文学。『書物の近代』『投機としての文学』『検閲と文学』『物語岩波書店百年史１』『職業としての大学人』（単著）ほか。

渡邊　泰斗（わたなべ　たいと）
早稲田大学大学院教育学研究科修士課程／神奈川県立光陵高等学校教諭
略歴：早稲田大学教育学部社会科地理歴史専修卒業。五年間の学校現場での勤務を経て、現課程。専門は歴史教育。

小森　宏美（こもり　ひろみ）
早稲田大学教育・総合科学学術院教授　修士（文学）
略歴：早稲田大学第一文学部卒業、早稲田大学大学院文学研究科博士課程単位取得退学、在ストックホルム日本大使館専門調査員、国立民族学博物館地域研究企画交流センター助手、京都大学地域研究統合情報センター助教・准教授などを経て現職。専門はエストニア近現代史。

園池　公毅（そのいけ　きんたけ）
早稲田大学教育・総合科学学術院教授　理学博士
略歴：東京大学教養学部基礎科学科卒業、同大学院理学系研究科博士課程修了。理化学研究所特別研究生、東京大学理学部助手、同大学院新領域創成科学研究科准教授を経て現職。専門は植物生理学。

佐藤　隆之（さとう　たかゆき）
早稲田大学教育・総合科学学術院教授　博士（教育学）

略歴：玉川大学教育学部准教授を経て現職。早稲田大学教育総合研究所前副所長。専門は教育思想（アメリカ）。

近藤　孝弘（こんどう　たかひろ）
早稲田大学教育・総合科学学術院教授　博士（教育学）
略歴：名古屋大学大学院教育発達科学研究科教授を経て現職。早稲田大学教育総合研究所所長。専門は政治／歴史教育学、比較教育学。